esotera

Taschenbuch
im Verlag Hermann Bauer

D1670492

Der Amerikaner *Ingo Swann* – Maler, Buchautor und weltweit bekannter Sensitiver – hat seine paranormalen Fähigkeiten schon im Alter von drei Jahren entdeckt. Seit 1970 arbeitet er als Sensitiver im Rahmen von parapsychologischen Experimenten und hat mittlerweile weit mehr als eine Million Versuche hinter sich gebracht. Heute betreibt er Grundlagenforschung, um die Funktionsweise von ASW verständlich zu machen.

Ingo Swann

Der sechste Sinn

Entdecken Sie Ihre
außersinnlichen Fähigkeiten

Verlag Hermann Bauer
Freiburg im Breisgau

Die Deutsche Bibliothek – CIP-Einheitsaufnahme

Swann, Ingo:
Der sechste Sinn : entdecken Sie Ihre außersinnlichen
Fähigkeiten / Ingo Swann. [Ins Dt. übertr. von Gudrun
Hackenberg.] – 3. Aufl., 9.–13. Tsd. –
Freiburg im Breisgau : Bauer, 1994
    (Esotera-Taschenbuch)
    Einheitssacht.: Natural ESP ⟨dt.⟩
    ISBN 3-7626-0646-3

Die amerikanische Originalausgabe erschien 1987 unter dem Titel
Natural ESP. The ESP Core and Its Raw Charateristics
by Bantam Books Inc., New York
© 1987 by Psychic Alternatives, Inc.

Veröffentlicht nach Vereinbarung mit
Eleonor Friede Books, Inc., New York, USA

Ins Deutsche übertragen von Gudrun Hackenberg

Die vorliegende Taschenbuchausgabe im Rahmen der Reihe
esotera-Taschenbuch ist ein Nachdruck der deutschen Originalausgabe,
die zuletzt 1992 im Verlag Hermann Bauer KG, Freiburg im Breisgau,
erschien

Die Reihe *esotera-Taschenbuch* erscheint im
Verlag Hermann Bauer KG, Freiburg im Breisgau

3. Auflage 1994 – 9.–13. Tsd.
© für die deutsche Ausgabe 1988 by
Verlag Hermann Bauer KG, Freiburg im Breisgau
Alle Rechte vorbehalten
Umschlag: Wehrle Repro, Freiburg im Breisgau
Umschlagfoto: Image Bank
Druck und Bindung: Clausen & Bosse, Leck
Printed in Germany

ISBN 3-7626-0646-3

Harold E. Puthoff
für seinen Mut

Inhalt

Danksagungen 9
Vorwort von Marilyn Ferguson 11
Vorbemerkungen 15
Einleitung 17

1. Eine neue Kulisse für ASW 23
2. ASW – Eine neue Definition 34
3. Die geistige Verschalung des ASW-Kerns 44
4. Die ASW-Erfahrung und ihre Nachwirkungen . . . 52
5. Das außersinnliche Du 65
6. Der Psi-Nukleus, das tiefere Selbst und der
   ASW-Kern 70
7. Die Eigeninitiativen des ASW-Kerns 89
8. Zeichnungen – Das erste Phänomen des
   ASW-Kerns 99
9. Bemerkenswerte Zeichnungen 123
10. Unglauben und Vertrauen in das tiefere Selbst
    als Einflußfaktoren 136
11. Wie läßt man der Kern-ASW freien Lauf? 145
12. Wie Sie aus Ihren eigenen Zeichnungen lernen . . . 157
13. Welche Realität verbirgt sich hinter den
    Zeichnungen? 192
14. ASW und die Zukunft 204

Bibliographie 214
Register 217

Danksagungen

In den vergangenen sechzehn Jahren ist es mir eine Ehre und ein Vergnügen gewesen, in den kombinierten Disziplinen der Psi-Forschung, der Parapsychologie und der Psychoenergetik im Kreise von mehreren hundert Pionieren zu arbeiten, und ich bin jedem einzelnen von ihnen zu tiefstem Dank verpflichtet. Besonders dankbar bin ich einer ansehnlichen Gruppe interessierter Personen, die den langen und mühsamen Stunden der Forschung und des Experimentierens Substanz und eine Richtung gegeben haben, die aber aus beruflichen Gründen hier nicht genannt werden wollen.

Darüberhinaus verdienen die Leitung der *SRI International* und die in Zusammenhang mit dem dort durchgeführten Psychoenergetik-Projekt tätig gewesenen zahlreichen Belegschaftsmitglieder meinen ganz ausdrücklichen Dank für ihre lange und anhaltende Unterstützung von Forschungsarbeiten, die so oft das Angriffsziel von Lästerern waren. Ganz besonderer Dank gilt Dr. Harold E. Puthoff, dem ich dieses Buch gewidmet habe. Ich möchte ihm hier für seine unerschütterliche Unterstützung und sein Durchhaltevermögen danken, das er in schweren Zeiten an den Tag legte. Ich danke Dr. Erwin C. May, Dr. Charles Tart und Martha Tompson für ihre unschätzbaren Forschungshilfen. Weiterhin danke ich Russel Targ, Hella Hammid, Keith Harrary und Gary Langford, deren Arbeit an analogen Problemen der außersinnlichen Wahrnehmung mein Leben aufregender gemacht hat.

Besonderen Dank schulde ich dem Board of Trustees der *American Society for Psychical Research,* Dr. Karlis Osis, Dr. Janet Mitchell und Mrs. Laura F. Knipe für ihre frühzeitige Unterstützung; Dr. Arthur J. Ellison von der Universität London, dem langjährigen Vorsitzenden der *Society for Psy-*

chical Research; der *Parapsychology Foundation* und ihrer großartigen Bibliothek, insbesondere Mr. Wayne Norman, der mir beim Auffinden obskurer, aber wertvoller Quellen behilflich war. Ferner ist mir neben der Hilfe vieler anderer Personen immer die kreative Unterstützung von Dr. Jan Ehrenwald, Dr. Gertrude R. Schmeidler, Dr. Jacques Vallee, Dr. William A. Tiller, Mr. Trammell Crow und Mr. Martin Ebon zugute gekommen.

Die Bedenken der Verleger, ob es gelingen würde, die komplexen Themen dem Leser auch wirklich zugänglich zu machen, wurden durch das professionelle Verständnis von Eleanor Friede und Barbara Bowen beigelegt. Ferner schulde ich Tom Joyce meinen Dank, der die Reproduktionen der Originalillustrationen erstellte, und Julia Tuchuk, die bei der Anordnung der vielen Zeichnungen in diesem Buch behilflich war.

Nicht zuletzt gilt mein größter Dank denjenigen, die »Meerschweinchen-Arbeit« geleistet haben, nämlich meinen Vorgängern, die den Mut aufbrachten, ihr zartes Talent mit klinischen Laboreinrichtungen und einer ungläubigen Welt zu konfrontieren und deren Vorarbeiten dieses Buch erst möglich gemacht haben.

Vorwort

Nur wenige Themen sind so umstritten wie die Existenz der Außersinnlichen Wahrnehmung (ASW) – und dabei gibt es dafür so wenig Gründe. Nicht nur, daß diese Fähigkeit in Hunderten von sorgfältigen Experimenten namhafter Forscher demonstriert wurde, nein, sie wird auch in ansteigendem Maße von den meisten Menschen selbst erfahren. Wir sprechen von »Geistesblitzen«, Ahnungen, seltsamen Gefühlen im Bauch, kreativen Inspirationen; wir machen uns sogar darüber lustig, würden uns aber schämen zuzugeben, daß wir sie uns zunutze machen und uns ihrer erfreuen. Und dies, obwohl jahrzehntelang durchgeführte Umfragen und Meinungsforschungen zeigen, daß die meisten von uns »außersinnliche Erfahrungen« gemacht haben und an sie glauben ..., und daß Menschen mit besserer Ausbildung von der objektiven Realität dieses Phänomens sogar noch überzeugter sind.

Wenn wir als Gesellschaft diese fundamentale Fähigkeit nicht anerkennen wollen, mag dies ein Zeichen für unsere generelle Zurückhaltung beim Erschließen innerer Realitäten – der Träume, der Einbildungskraft, des Gedächtnisses, der Gedanken und Gefühle, des kreativen Prozesses selbst – sein. Es ist, als würde einer Hälfte des Lebens ein zweitrangiger Status zugewiesen. Unser eingefahrenes Kommunikationsverhalten macht unser kollektives Leben zur Fassade einer Fassade.

Wir sprechen miteinander, nehmen aber nur selten die Stimme der tieferen Gedanken hinter unseren Worten wahr. Wir fragen: »Wie gehts?«, als könnten wir nicht sehen und fühlen, ob es jemandem gut oder schlecht geht. Wir würdigen oder beneiden das Charisma einiger Menschen, ohne uns zu fragen, warum sie wohl so viel Energie ausstrahlen können. Es scheint, als gäbe es eine lebenswichtige Kommunikationsmethode, die Anwendung unserer inneren Sinne, gar nicht, oder als wäre sie nichts weiter als ein Trick.

In den Jahren, in denen ich das Phänomen der höheren Kreativität untersuchte, hat mich die Selbstverständlichkeit verblüfft, mit der hellsichtige Personen ihre unerklärten Wahrnehmungsfähigkeiten anwenden. Kreativ erfolgreiche Menschen, ob Künstler oder Unternehmer, erkennen bereitwillig die Bedeutung von Ahnungen und innerer »Führung« an. Als die leitenden Angestellten der florierendsten Unternehmen in einer kürzlich durchgeführten Umfrage nach den »bedauerlichsten« Vorfällen in ihrer Karriere gefragt wurden, waren sie alle einer Meinung: Es waren die Fälle, in denen sie nicht den Weg gegangen waren, den sie intuitiv für den richtigen hielten.

Mit diesem Buch hat Ingo Swann einen Beitrag zu unser aller Wohl geleistet. Der begabte Künstler, der bei der Entwicklung einer Methodologie zur Erforschung der »Fernwahrnehmung« Pate gestanden hat, beleuchtet die außersinnliche Wahrnehmung auf einfache und belebende Art und Weise. ASW ist real, ein ganz natürlicher Vorgang, und jeder kann diese Fähigkeit ohne weiteres in sich selbst entdecken. Sie können Ihre Versuche sogar wiederholen und verfeinern.

Swann schreibt auf dieselbe sanfte, völlig wertungsfreie Art und Weise, die auch für eine verläßliche ASW so wichtig ist. Er betont, erklärt, beschreibt – er predigt nicht.

Es kommt bei einem Künstler selten vor, daß er seinen kreativen Prozeß kennt, geschweige denn enthüllt. Noch seltener ist es, daß ein Psi-Begabter seine besondere Fähigkeit entmystifizieren kann. In seinem Buch *»Der sechste Sinn«* meistert Ingo Swann beide Aufgaben. Er zeigt uns nicht nur Strategien bei der »Anfertigung von Zeichnungen«, er enthüllt auch die wissenschaftliche, analytische Seite des kreativen Geistes, während er die durch die Geschichte belegte Kommunikation von einem menschlichen Geist zu einem anderen darlegt.

Ob der Leser nun von der Naturgegebenheit der ASW überzeugt oder ob er nur einfach neugierig ist – dieses Buch wird ihm neue, aufregende geistige Möglichkeiten eröffnen.

Marilyn Ferguson
Los Angeles
Juni 1986

Vorbemerkungen

Dieses Buch behandelt einige wichtige, neu entdeckte Elemente der außersinnlichen Wahrnehmung, die bis jetzt noch nie in der parapsychologischen Literatur behandelt wurden. Meine Forschungen und Bemühungen, mein eigenes ASW-Potential zu entwickeln, mündeten in der Auffassung, daß in jedem von uns ein naturgegebener »ASW-Kern« steckt, der gleichzeitig ein allgemeines und ein individualisiertes menschliches Talent darstellt. Erst nachdem ich in den Arbeiten der vor mir tätig gewesen Psi-Probanden bestimmte grundlegende Gemeinsamkeiten entdeckt hatte, war ich in der Lage, meinen eigenen ASW-Kern zu entwickeln. Diese Gemeinsamkeiten waren noch nie aufgezeigt worden, ja, sie scheinen sogar ignoriert worden zu sein.

Dadurch, daß ich diese gleichen Elemente systematisch einordnete, konnte ich schließlich feststellen, daß meine eigene ASW nach nahezu den gleichen Richtlinien funktionierte (oder zu funktionieren versuchte), die auch für meine Vorgänger galten. Meine erste »Entdeckung« machte ich 1971, als ich die Forschungsliteratur bis zu deren Anfängen im Jahre 1882 zurückverfolgte. Nach 1971 konnte ich beobachten, daß andere Menschen, von denen keiner seine Psi-Fähigkeiten geschult hatte, bei ASW-Versuchen ebenfalls Ergebnisse erbrachten, die Ähnlichkeiten mit meinen Versuchen und denen früherer Probanden aufwiesen.

Die Ähnlichkeiten der in der Geschichte vorgefundenen Fälle helfen nicht nur, die Beschaffenheit des rohen ASW-Kerns zu enthüllen, sondern liefern auch den zweifelsfreien Beweis dafür, daß die Fähigkeit zu außersinnlicher Wahrnehmung als ein rudimentäres Talent existiert – als ein potentiell kraftvolles Talent in der Reihe anderer natürlicher Talente des Menschen.

Ein Verständnis dieser allen Menschen gemeinsamen ASW-Elemente wird allen, die ihre eigenen Fähigkeiten zu außersinnlicher Wahrnehmung aufspüren und entwickeln wollen, eine unermeßliche Hilfe sein. Wichtig ist es aber auch für diejenigen, die die allgemeine Erscheinung der ASW, ihre Höhepunkte und Probleme besser verstehen wollen.

Die Vorstellung, daß außersinnliche Fähigkeiten in naher Zukunft enorm an Bedeutung gewinnen werden, ist mehr als nur eine leere Voraussage. Die drei Weltmächte – die Sowjetunion, die Vereinigten Staaten und die Volksrepublik China – erarbeiteten in zunehmenden Maße Programme zur Erforschung des außersinnlichen Potentials. Obwohl jede dieser Mächte ihre Untersuchungen zur ASW unter dem Siegel der Verschwiegenheit durchführt, steigt bereits eine gehörige Menge Rauch auf. Es ist ein dunkler Rauch, und Schlagworte wie »ASW-Bedrohung« oder »Vorteile verschaffen durch ASW« gehören mehr und mehr zum Alltagswortschatz und lassen auf die Feuer schließen, die unter dem Rauch der Geheimhaltung brennen.

Damit ASW einen positiveren Einfluß auf unsere Zukunft gewinnen kann, muß sie »vom Mann auf der Straße« als sinnvoll befunden werden, damit zielorientierte Individuen ihre Formen und Anwendungsmöglichkeiten im Sinne des Gemeinwohls wahrnehmen können. Nur wer versucht, ASW im Rahmen einer persönlichen Erfahrung einzukreisen und zu verstehen, wird ein umfassenderes Verständnis des ASW-Potentials erlangen. Da wird es die fortgeschrittenen Denker geben, die die Grenzen des Bewußtseins neu abstecken und die Grundsteine für ein neues Zeitalter der angewandten ASW legen werden.

Ingo Swann

Einleitung

Dies ist ein Buch über ASW, aber es ist kein übliches Buch über ASW. Es ist kein weiterer Versuch, die Welt von der Existenz der ASW zu überzeugen, das Talent des Autors zu proklamieren oder das Auf und Ab des Weges aufzuzeichnen, den der Autor mehr als zehn Jahre lang als freiwilliger Proband in einem halben Dutzend großer ASW-Labors in den Vereinigten Staaten zurückgelegt hat. Es handelt sich vielmehr um ein Buch, in dem der ASW-Vorgang selbst und das, was dieser uns über den menschlichen Zustand zu sagen scheint, im Mittelpunkt steht.

Swann verfolgt mit diesem Buch kein geringeres Ziel, als dem Leser zu einer eigenen Erfahrung zu verhelfen, nämlich zu einem persönlichen Kontakt mit dem, was er als »ASW-Kern« bezeichnet, von dem er annimmt, daß er in jedem von uns existiert, ob man nun ein Befürworter oder Skeptiker ist. Um es kurz zu fassen: Dieses praktische Buch zeigt dem Leser einen Weg auf, die offensichtlich existierende universelle Fähigkeit des menschlichen Geistes, sich den normalerweise erfahrenen Grenzen von Raum und Zeit zu entledigen, für sich persönlich zu entdecken. Mit diesem Ansatz erhebt Swann sich über die ständige »Haarspalterei«, ob es nun jemandem gelungen sei, in einem ASW-Experiment zu betrügen oder nicht.

Swann ist als Wegbereiter für eine solche Reise einzigartig qualifiziert. Er zeigte sich sehr engagiert an dem für die letzten fünfzehn Jahre typischen, wiederaufgetauchten Interesse an ASW. Nach den ersten zaghaften Versuchen als freiwilliger Proband bei Experimenten zur außerkörperlichen Wahrnehmung, die die *American Society for Physical Research* im Sommer 1971 durchführte, entschied er sich für den schwierigen Weg der Laborexperimente. Bei diesen

Experimenten geht man jeden Schritt im Glanz der Scheinwerfer statistischer Auswertung und alternativer Hypothesen, einem Glanz, der den meisten, die ihr ASW-Potential ergründen wollen, zu grell ist. Durch die Teilnahme an weiteren Versuchen, unter anderem mit Professor Gertrude Schmeidler im *Psychology Department* des *City College,* New York, und an dem Programm der *SRI International* zur Erforschung der »Fernwahrnehmung« wuchs Swann schon bald über die Rolle eines einfachen Probanden hinaus und entwickelte sich zu einem innovativen Pionier und Forscher, der einen kreativen Einblick in *die* Grundlagen des ASW-Vorgangs selbst anbieten konnte.

Es mag den Erwartungen an ein Buch über ASW-Erfahrungen entgegenstehen, daß Swann zunächst Aspekte beleuchtet, die im Zusammenhang mit ASW falsch aufgefaßt werden und dazu führen, daß Neulinge und Erfahrene gleichermaßen frustriert werden. Mal mit einem charmanten, mal mit einem bitteren Unterton deckt Swann bei seiner gründlichen Untersuchung der die ASW umgebenden Mythen einen schwerwiegenden Fehler auf, der sowohl von Befürwortern als auch von Skeptikern begangen wird. Anstatt datengetreu vorzugehen und sich an das zu halten, was tatsächlich beobachtet werden kann, versuchen Befürworter und Skeptiker gleichermaßen, die ASW in ihre vorgefaßten Vorstellungen von dem, was eigentlich geschehen *müßte,* zu zwängen.

Die Befürworter neigen dazu, jene wenigen Fälle hervorzuheben, bei denen ein ASW-Ergebnis so klar und deutlich vorliegt, daß es sich wie eine normale sinnliche Wahrnehmung verbal beschreiben oder visuell umsetzen läßt; die Skeptiker wiederum konzentrieren sich angesichts der Vielzahl entsprechender Daten auf das Fehlen dieser Klarheit. Swann unterwandert beide Ansätze, indem er die Bedeutung dessen herauskristallisiert, was tatsächlich geschieht, wenn versucht wird, über ASW Kontakt zu einem fernliegenden Ziel aufzunehmen, und wenn die typische Antwort, wie üblicherweise der Fall, verschwommen ist. Genau dieser Ansatz, genau dieses unermüdliche Bemühen, die Ver-

schwommenheiten zu erklären und zu verstehen, herauszufinden, wann, wo und wie sie zu Tage treten und wie man
darauf hinarbeiten kann, jeden Aspekt der subjektiven
ASW-Erfahrung zur Verbesserung der objektiven Leistung
zu nutzen, zeichnet den Beitrag des Forschers Swann ganz
besonders aus.

Dieses Buch beginnt mit einigen der zuerst in diesem
Bereich (etwa um 1880) veröffentlichten Arbeiten und
endet mit den zur Zeit andauernden Laborforschungen.
Auf diesem Weg tauchen überraschende Meilensteine auf:
Man wendet sich in regelmäßig wiederkehrenden Abstän-
den von Experimentierarten ab, die produktiver und verläß-
licher sind als andere; die Leistungen fallen schlechter aus,
offensichtlich weil verschiedene Teile des zur Debatte
stehenden Phänomens (fehl)benannt werden; und man
tendiert auf eigensinnige (unbewußte?) Art und Weise
dazu, Protokolle für ASW-Experimente anzufertigen, die
den Gesetzen, nach denen die ASW zu funktionieren
scheint, immer weniger gerecht werden. Swann engagiert
sich für eine Umkehr dieser Trends und eine Hervorhebung
der höheren Ebenen, auf denen die ASW funktioniert.

Eine sorgfältige Überprüfung der Daten ergibt, daß selbst
bei den nicht hervorragenden ASW-Leistungen zunächst
ein unwiderlegbarer Kontakt mit dem Zielobjekt bestanden
hat, sich im weiteren Verlauf aber Fehler einschleichen, die
zu einer Verschlechterung des Ergebnisses führen. Bei diesen Fehlern lassen sich bestimmte Muster erkennen. Ausgehend von seinen eigenen und den Erfahrungen anderer
Personen gelangt Swann durch seine Analyse dieser Situation zu der Schlußfolgerung, daß das Hauptproblem der
ASW nicht auf dem Weg der Übertragung eines Signals von
hier nach dort, sondern auf dem Weg der inneren Verarbeitung dieses Signals zu suchen ist. (Wie Shakespeares
Cassius in *Julius Caesar* sagt: »Der Fehler, mein lieber
Brutus, liegt nicht in den Sternen, sondern in uns selbst.«)
Es sieht so aus, als müßte ein ASW-Signal auf seinem Weg
vom ASW-Kern zum frontalen verbalisierenden Bewußtsein einen wahrhaftigen Spießrutenlauf durchmachen, auf

dem durch vorgefaßte Meinungen, voreilige Versuche der Benennung und innere Bearbeitung jede nur mögliche Gefahr des Entgleisens besteht. Auf der Grundlage dieser Schlüsselerkenntnis entwickelt Swann nun ein spezifisches Modell des ASW-Vorgangs, ein Modell, mit dem Begriffe wie »tieferes Selbst« und eine »zweite Realität« eingeführt werden, die miteinander in Verbindung stehen.

Der wichtigste Aspekt dieses Modells besagt, daß Strategien, die Verbalisierungen und das Produzieren von Vorstellung zugunsten einer mehr an der Wurzel ansetzenden kinästhetischen Wiedergabe (beispielsweise hieroglypheartigen Skizzen, ja sogar Kritzeleien) vermeiden, den Königsweg vom primären ASW-Kontakt zu erkennbaren Ergebnissen ebnen. Dies steht in krassem Gegensatz zu der akademischen ASW-Forschung, wie sie (angefangen mit der Gründung der *British Society for Psychic Research* im Jahre 1882) seit einem Jahrhundert betrieben wird. Sie nämlich neigt dazu, bei ASW-Vorgängen mit Worten und Entscheidungen (Raten) zu arbeiten, also mit Funktionen, die oben im Nervensystem liegen. Anders als diese Tradition fordert das hier beschriebene, einfache, aber nicht vereinfachende Verfahren eine den geschichtlichen Trends und Erwartungen scheinbar widersprechende Rückkehr zu einem Wiedergabe-Vorgang, der der bei der natürlich auftretenden ASW gegebenen inneren Eingebung vielleicht gerechter wird als der rein technische Knopfdruck in unseren High-Tech-Labors. Dieses Konzept wird durch Beispiele untermauert, die Dutzende von Jahren, Tausende von Meilen und Generationen von Auffassungen auseinanderliegen. Es scheint auch einigen der eindrucksvolleren Exempel zugrundezuliegen, die in den auf Skizzenanfertigung basierenden Studien zur »Fernwahrnehmung« am *SRI International* (bei denen Swann eine wichtige Rolle gespielt hat), an der *Princeton University,* der *Mind Science Foundation of San Antonio* und der *Mobius Society* in Los Angeles oder in den früheren Arbeiten von Upton Sinclair, über die er in *Mental Radio* berichtet, hervorgebracht wurden.

Nachdem ich viele Jahre lang mit Ingo Swann zusammengearbeitet habe, um effektive »Fernwahrnehmungsprotokolle« zu entwickeln, würde es mich nicht überraschen, wenn er zum Kreis derer gehören würde, die über alle potentiellen Hürden hinweg einen neuen Weg zu einem besseren Funktionieren des ASW-Vorgangs finden (oder wiederentdecken) und dessen Bedeutung klar erkennen. Er folgt nie irgendwelchen Modetrends und bezieht immer Stellung, wenn er denkt, daß es für die Entwicklung eines besseren Funktionierens der ASW wichtig ist. Dabei hat er stets zwei Grundsätze vor seinem inneren Auge: 1. ASW ist ein allen menschlichen Wesen innewohnendes, natürlich auftretendes Phänomen, und daher ist es der Vorgang selbst und *nicht* der Proband (einschließlich er selbst), der im Brennpunkt der Untersuchung stehen sollte. 2. Mit einem disziplinierten und auf genauen Beobachtungen gegründeten Ansatz sollte es möglich sein, Techniken zu entwickeln, mit denen die ASW eine Qualität erreichen kann, die der erstaunlichen Klarheit nahekommt, durch die die sich im Leben mitunter spontan auftretenden ASW-Erlebnisse auszeichnen.

Swann präsentiert hier durch die Kombination seltener Talente für subjektive Erfahrungen und objektive Kritikfähigkeit, interne Analyse und externe Forschung seinen Bericht über den Stand der Dinge in der Hoffnung, daß der Leser dadurch nicht nur seine eigene ASW-Fähigkeit höher einzuschätzen lernt, sondern auch einen persönlichen Einblick in die tiefere Bedeutung der ASW für die Menschheit überhaupt bekommt.

Harold E. Puthoff, Ph. D.
Institute for Advanced Studies
in Austin
Austin, Texas

1. Eine neue Kulisse für ASW

Nachdem die Parapsychologie nun mit Erfolg eine neue, völlig geläuterte, domestizierte und mathematisch handhabbare Art künstlich hergestellter Psi (ASW)-Phänomene »ausgebrütet« hat, stellt sich die Frage, ob sie dabei nicht dazu neigt, deren ursprünglichen Prototyp aus den Augen zu verlieren, der schwerer erfaßbar, aber in kultureller und biologischer Hinsicht von größerer Bedeutung ist.[1]

Auf einen Punkt können wir uns wohl alle einigen: Jedes System hat seine Tücken, die – wie Parasiten – den Zusammenbruch des Systems herbeiführen. Ein System mit zu vielen Tücken wird gar nicht erst funktionieren.

Wer versucht, ein mit Tücken beladenes System in Gang zu setzen, wird sich zu guter Letzt die Haare raufen und mit den Zähnen knirschen. Nötig ist also eine Art Kammerjäger; ein eigentlich sehr gewichtiger, aber wenig anerkannter Beruf. Der seriöse Kammerjäger verweilt hinter dem Vorhang, denn er weiß, daß ein von hochentwickelten menschlichen Gehirnen ausgeklügeltes System das Vorhandensein von »Parasiten« nicht zugeben kann. Es würde den Ruhm des Intellekts schmälern – ein Zustand, den wohl niemand zu lange beleuchten will. So verrichten die Kammerjäger also still ihre Arbeit, um unerwartete Defekte, Fehler, Makel, Mangelhaftigkeiten aufzudecken. Und das System nimmt die Arbeit wieder auf. Oft ist es dann alles in allem ein ganz neues System.

Dr. Jan Ehrenwald, ein Parapsychologe und Gelehrter, der sich zeit seines Lebens mit den Feinheiten der ASW beschäftigt hat, beschrieb die Parapsychologie wie folgt:

1 Jan Ehrenwald: *The ESP Experience;* Basic Books, New York 1978, Seite 11

Eine systematische Untersuchung solcher außerhalb des alltäglichen Lebens liegender Vorkommnisse wie Telepathie, Hellsehen, Psychokinese und Präkognition, die bis vor kurzem weitgehend außerhalb der Grenzen der Wissenschaft lagen. In ihrem Bestreben, bei der Erforschung des Wissens des Menschen über sich selbst unbekanntes Terrain zu ergründen, soll die Parapsychologie eine neue Grenze der Psychologie darstellen. Dennoch erschließt die Parapsychologie nicht vollständig neuen Grund ...[2]

Die Parapsychologie (und deren Vorgänger, die psychische Forschung) gibt es seit gut hundert Jahren. In dieser Zeit ist man wie wild hinter paranormalen Fähigkeiten her gewesen, aber leider mit wenig Erfolg. Während das mathematische System alles in allem zeigt, daß ASW in der Tat existiert, sind die weiterreichenden, ergiebigeren Kernfragen zur ASW überhaupt nicht ans Tageslicht gekommen. Die grundlegenden Komponenten sind nach wie vor nicht erfaßt worden, so daß die Parapsychologen nun nach hundertjähriger Suche desorientiert sind, während die Skeptiker triumphieren.

Eine merkwürdige Situation. Jeder von uns weiß – für sich selbst – daß es außersinnliche Wahrnehmung gibt. Immer wieder tritt ASW spontan auf, und zwar auf recht breiter Ebene, aber die Parapsychologen bekommen sie nicht recht in den Griff. Gleichzeitig stößt die Parapsychologie häufig auf rigorosen Widerstand aus Quellen außerhalb ihres eigenen Kreises. Dies ist verständlich, wenn man sich einmal vor Augen hält, daß die Parapsychologie und das, was sie repräsentiert, die wunden Punkte verschiedener anderer Wissenschaften offenlegt, wurden diese anderen Wissenschaften doch ohne Einbeziehung der Realitäten von ASW und Psi[3] ersonnen. Der Mensch ist auf

2 Ehrenwald: ESP, Seite 3
3 Der Begriff Psi stammt aus dem Griechischen und wird von den Parapsychologen sowohl als Oberbegriff für alle ungewöhnlichen geistigen Phänomene wie Telepathie, Hellsehen, Präkognition als auch für

sein System fixiert. Viele gegen Psi eingestellte Autoritäten haben öffentlich zugegeben, daß *ihre* Systeme sich als falsch erweisen würden, wenn Paranormales sich als wahr herausstellen sollte. Es liegt also auf der Hand, worin der Widerstand begründet liegt.

Aber haben wir damit eine Erklärung für den allgemein ausbleibenden Fortschritt der Parapsychologie? Inoffiziell geben die Parapsychologen selbst zu, daß der Fortschritt sich Zeit läßt. Wenige sind darunter, die die totale Existenz irgendeines bestimmten paranormalen Phänomens *offiziell verkünden*. Sie bestehen darauf, daß sie nach wie vor *forschen*. Was aber nicht bekanntgemacht wird, ist eben auch noch nicht wirklich entdeckt worden. Und so kommt nach hundert Jahren eifriger Bemühungen nun langsam der Zeitpunkt, an dem die Parapsychologen sich daran machen müssen, die wunden Punkte ihrer zur Untersuchung des Paranormalen angewandten Systeme auszumachen.

Mit der außersinnlichen Wahrnehmung verhält es sich so wie mit der gewaltigen Verschiebung der Sanddünen in der Wüste; die Veränderungen verlaufen immer weich und fließend. Vielleicht wird es sich herausstellen, daß die Parapsychologie versucht hat, sich diesen Dünen mit Pferden zu nähern, deren scharfe Hufen im Sand versinken, anstatt angemessenerweise auf Kamelen zu reiten, deren große weiche Fußballen für Wüstenreisen so perfekt geeignet sind.

Diese Analogie hilft uns, den Angelpunkt einzukreisen, um den sich die progressive zukünftige Entwicklung der außersinnlichen Wahrnehmung, einer uns innewohnenden Realität, bewegt. Sie hilft uns auch, Dr. Ehrenwalds tiefschürfenden Einblick zu verstehen, wenn er sagt:

---

alle ungewöhnlichen physikalischen Phänomene wie Psychokinese (Bewegung von Objekten ohne physischen Kontakt) benutzt. Anfangs war »Psi« die Abkürzung für das in der Wissenschaft unpopuläre Wort »psychisch«, wurde dann aber seit etwa 1950 als eigenständiges Wort akzeptiert.

Es stellt sich die Frage, inwieweit der durch Experimente erbrachte Beweis überhaupt als Laborduplikat der spontan, »im Rohzustand«, unter den Bedingungen des alltäglichen Lebens auftretenden ASW-Phänomene betrachtet werden kann ... Wir müssen uns fragen, ... ob wir bei der Kultivierung dieser »läppischen Dinge«, die wir bei den ASW-Laborversuchen beobachten, nicht Gefahr laufen, daß »große Spiel« der wirklich bedeutenden Psi-Vorkommnisse aus den Augen zu verlieren, die den Menschen seit Anbeginn der Geschichte so verwundern und fürchten lassen? Wenn wir die Tür mal gerade etwas mehr als um einen kleinen Spalt öffnen, nehmen wir ja vielleicht auch nur mikroskopisch kleine Scheibchen der verlorenen paranormalen Realität wahr.[4]

Angesichts der Art, wie wir normalerweise über neue Dinge denken, muten neue Tatsachen und Ideen oft fremd an. Jeder Autor, der etwas Neues vorstellt, muß mit Begriffen arbeiten, die dem Leser vertraut sind, wenn er ihm das Nichtvertraute nahebringen will.

Was nun den Bereich der außersinnlichen Wahrnehmung anbetrifft, ist der Aufbau der Kulisse aus zwei gewichtigen Gründen recht schwierig.

ASW ist schwer erfaßbar

Selbst nach hundert Jahren Forschung sind die Phänomene, die wir als »außersinnlich« bezeichnen, nicht besonders gut verstanden worden. Es gibt allerdings einige normale Richtlinien, die wir zum Verständnis zu Hilfe nehmen können.

Angesichts der von der Parapsychologie in ausreichendem Maße durchgeführten klinischen Tests ist es praktisch unmöglich, die Existenz der Phänomene zu leugnen. Die Beweise sind in der Tat gewaltig, aber die Mechanismen, die

4 Ehrenwald; ESP, Seite 11

die ASW in Gang setzen, sind unsichtbar und schwer faßbar geblieben, so daß wir uns den eigentlichen Grundlagen der verschiedenen ASW-Phänomene kaum genähert haben.

Hinzu kommt, daß ASW nicht objektiv – als etwas außerhalb unserer selbst Liegendes – untersucht werden kann. ASW entspringt Bereichen unserer geistigen Gestalt, die für unser normales Bewußtsein nicht sichtbar sind. Ihr Erscheinen auf der Oberfläche ist, verglichen mit der Art, wie wir die Dinge normalerweise interpretieren, unlogisch.

Außersinnliche Ereignisse konkretisieren sich selbst nicht besonders gut, zumindest nicht im Rahmen der bislang benutzten Untersuchungsmethoden. Sie fließen in unsere Bewußtheit und in unseren Geist hinein und wieder hinaus, ohne greifbare Beweise dafür zu hinterlassen, daß sie überhaupt da waren. So kommt es, daß selbst diejenigen, die standhaft an ASW glauben, das Gefühl haben, sich ständig bewegende Schatten zu jagen, ohne überhaupt irgend etwas ausmachen zu können, was den Schatten geworfen haben könnte. Infolgedessen hat die außersinnliche Wahrnehmung nie einen normalisierten Status erlangen können – nicht einmal *innerhalb* der Parapsychologie, der Wissenschaft, die diese Phänomene untersucht.

ASW wird möglicherweise mit falschen »Etiketten« versehen

Wenn die unsichtbare und nicht erfaßbare Natur der ASW noch nicht ausreicht, um für anhaltende Verwirrung zu sorgen, so sorgen spätestens die Begriffe dafür, auf die wir uns zur Beschreibung des Unsichtbaren fixiert haben.

Die Begriffe »außersinnliche Wahrnehmung (ASW)«, »Telepathie«, »Hellsehen«, »Präkognition« und so weiter gehören seit langem zum gebräuchlichen Wortschatz, obwohl niemand so recht weiß, was damit eigentlich bezeichnet wird.

Zur Einkreisung des hier angesprochenen Problems wollen wir den Begriff »Telepathie« als Beispiel nehmen.

Telepathie wird verschiedentlich definiert als die direkte Kommunikation zwischen dem Geist zweier Personen oder als die Kommunikation von einem Geist zum anderen, die über andere Kanäle als die normalen sensorischen geht.

Diese Definitionen mögen Inhalte bergen, die sich schlußendlich als richtig herausstellen werden. Momentan allerdings gibt es nicht einen einzigen Beweis, der diese Begriffsbestimmungen untermauern könnte.

Bestenfalls kann man sagen, daß es Fälle gibt, in denen der Geist einer oder mehrerer Personen mit dem Geist einer oder mehrerer anderer Personen in irgendeiner Verbindung steht, so daß die Geistesinhalte des oder der einen im Geist des oder der anderen auftauchen. Daß der eine Geist dem anderen etwas direkt »übersendet«, was der andere dann »empfängt«, bleibt eine Vermutung. Dennoch wurden Begriffe und Definitionen wie diese als gültig akzeptiert, obwohl sie in Wahrheit nur Etiketten für etwas sind, von dem wir glauben, daß es existieren *könnte*. Mit anderen Worten: Unsichtbare Dinge, deren grundlegende Elemente völlig unbekannt sind, werden etikettiert und dadurch so beschrieben, *als existierten sie wirklich so*.

Es ist der Mühe wert, sich mit dem Wort »Telepathie« noch näher zu beschäftigen, um zu zeigen, wie es zu dieser Wortschöpfung gekommen ist. Als das Wort im Jahre 1882 von F. W. H. Myers geprägt wurde, bestand die zugrundeliegende Absicht darin, Entfernung (Tele) mit Empathie zu verbinden – Telepathie. Dies sollte der Name für eine augenscheinliche Tatsache sein – für »ein Zusammentreffen der Gedanken zweier Personen, das einer kausalen Erklärung bedarf«. Definiert wurde dieser Begriff als »Übertragung von Gedanken ohne Inanspruchnahme der bekannten Sinnesorgane«. Myers setzte voraus, daß mit diesem Begriff keine Erklärung abgegeben werden sollte; aber er wurde dennoch als solche aufgefaßt.

Ein Jahrzehnt zuvor war die elektromagnetische Strahlung entdeckt worden, und bald wurde die Existenz radioaktiver Strahlungen bestätigt. Die Telepathie wurde nun in die Konzepte der Strahlungen und Ausstrahlungen eingebettet. Man nahm jetzt an, daß der Geist ebenfalls strahlen und ausstrahlen könne und daß das gestrahlte oder ausgestrahlte Etwas über eine bestimmte Entfernung »gesendet« würde, wo es dann, wie beim Rundfunk, von einem anderen Geist empfangen würde. Die unsichtbaren und unbekannten Elemente der Telepathie wurden mit den jetzt Modell stehenden Strahlungen und Ausstrahlungen verglichen; der Vergleich schien zu passen und wurde akzeptiert.

Inzwischen ist bekannt, daß Telepathie auch in Umgebungen stattfinden kann, die keine der bekannten Strahlungs- oder Ausstrahlungsformen durchlassen – die Strahlungs-Sende-Theorie ist also ein Fehlschlag. Dennoch ist unsere Sehweise der Telepathie dieselbe geblieben, so, als wüßten wir, daß sie so *arbeitet*. So lange unsere Gedankengänge von diesem Fachetikett an die Kette gelegt sind, werden wir wohl kaum anfangen, andere mögliche Vorgänge der Telepathie in Erwägung zu ziehen.

Unsere Konzepte (und folglich auch unsere Köpfe) sind mit vielen derartigen Etiketten verklebt, die sich nur auf Dinge beziehen, die wir zu kennen glauben. Diese ganze Etikettenmasse kann als »Darstellung des Universums« bezeichnet werden. Solange wir nicht aufhören, die Inhalte der Dinge in die Formen pressen zu wollen, die wir ihnen zur Veranschaulichung für uns selbst verliehen haben, werden die wirklichen Tatsachen des Unbekannten für uns verborgen und unerkannt bleiben. Jedes psychische Phänomen ist mit einem solchen Etikett belegt, und die Parapsychologie führt in dem dadurch festgelegten Rahmen einen kühnen Kampf.

Neue Tatsachen und Vorstellungen – alte Etiketten

Die Frage bleibt nicht aus: Können neue Fakten und Vorstellungen zur ASW alten Etiketten untergeordnet werden? Diese Frage muß deshalb erwogen werden, weil alle Etiketten oder Bezeichnungen, sind sie erst einmal in den Lexika aufgetaucht und Teil des alltäglichen Wortschatzes geworden, die Art prägen, in der wir über sie reflektieren.

Diese Fragestellung hat für den Inhalt dieses Buches eine ganz ungeheure Bedeutung. Im Jahre 1971 zum Beispiel, als ich mich zum ersten Mal als freiwilliger Proband für Psi-Tests zur Verfügung stellte, versuchte ich, meine Fähigkeiten der Telepathie, des Hellsehens und der außerkörperlichen Erfahrung zu wecken, indem ich mich der Begriffe bediente, wie ich sie (damals) verstand. Die Ergebnisse waren negativ und emotional gesehen recht demütigend.

Diese ersten Ergebnisse ließen eigentlich nur eine Schlußfolgerung zu, nämlich die, daß ich absolut keine ASW-Fähigkeiten besaß – und damit wäre die Sache dann erledigt gewesen. Aber ich konnte es einfach nicht glauben, zumal doch ASW-Fähigkeiten so oft demonstriert wurden. Meinen fehlgeschlagenen frühen Versuchen standen Ereignisse in meinem Leben gegenüber, deren außersinnliche Natur für mich auf der Hand lag. Wo also war der Fehler?

Hier verhelfen einige Bücher zur Einsicht, die sich mit den grundlegenden Funktionsweisen des Gehirns befassen (und die ich mir sofort vornahm).

Lawrence Hinkle, Jr. betonte:

Das Gehirn, das Organ, das sich mit Informationen befaßt, organisiert auch seine Antworten und Reaktionen auf der Grundlage von Informationen, die ihm früher eingegeben wurden. Diese Informationen (wie auch die unmittelbaren Haltungen und die Bewußtheit über die unmittelbare Situation) haben sich in Form einer Persönlichkeit im Laufe der Erfahrungen des gesamten Lebens entwickelt und bedingen die Art und Weise, wie das Gehirn auf eine gegebene Situation reagiert.[5]

---

5 L. E. Hinkle, Jr. in: »The physiological state of the interrogation subject as it affects brain function«, in: *The Manipulation of Human Behaviour,* Albert B. Biderman und Herbert Zimmer (Verleger), John Wiley & Sons, New York, 1961, Seite 33 f.

Durch diesen Einblick wurde mir nach und nach klar, daß spontane ASW-Erlebnisse (die ich – wie die meisten anderen Menschen auch – so oft erfahren hatte) sich von der Art, wie mein intellektuelles Lernvermögen über die Erlebnisse denkt, völlig unterscheiden.

Spontane ASW-Erlebnisse ereignen sich von sich aus anhand eigener Regeln und Logiken (und überraschen normalerweise das normale intellektuelle Bewußtsein). Aber immer dann, wenn ich versuchte, ein ASW-Erlebnis herbeizurufen, indem ich mein intellektuelles Verständnis (die zuvor eingespeicherten Informationen) als Ausgangspunkt benutzte, geschah gar nichts. Die Verwendung des Begriffs »Telepathie« löste keinen Kontakt meines Geistes zum Geist einer anderen Person aus; die Benutzung des Begriffs »Hellsehen« führte nicht zu einem Akt des Hellsehens, noch war die intellektuelle Herangehensweise bei dem Versuch, einen »veränderten Zustand« zu erreichen, besonders hilfreich. (Und überhaupt – *welcher* veränderte Zustand sollte denn eigentlich erreicht werden?)

Ich konnte (richtig) schlußfolgern, daß ASW auf eigenen Grundlagen und anhand von Mechanismen arbeitet und funktioniert, die vom lernenden Gehirn nicht erkannt werden, obwohl mir reichlich Etiketten zur Verfügung standen, die mir in intellektueller Hinsicht dienten. Zwischen diesen Etiketten und den wirklichen ASW-Mechanismen bestand keine direkte Verbindung. Um es anders auszudrücken: Was die wirkliche ASW-Erfahrung anbetraf, waren meine Etiketten nur Filter oder Barrieren. Durch die Etiketten bestand eine geistige Erwartungshaltung zu dem, was intellektuell erfahren werden *sollte,* wobei diese Voreingenommenheit in Wirklichkeit (wie es sich dann herausstellte) den Schatten der ASW-Wirklichkeit darstellte. Erst nachdem ich gelernt hatte, mich von der Macht dieser Etiketten zu lösen, konnten die ASW-Mechanismen freigelegt werden.

Wenn ich nun nochmals die Frage stelle, ob neue Tatsachen und Vorstellungen über außersinnliche Wahrnehmung mit den alten Etiketten beklebt werden können, gehe ich (aufgrund meiner sechzehnjährigen Tiefenerfahrung) davon aus, daß das nur in minimalem Ausmaß erfolgen kann. Wir müssen die tatsächlichen Mechanismen der ASW vollständig unabhängig von den alten Etiketten begreifen lernen, allein deshalb, weil diese sich nach einhundert Jahren noch nicht als richtig herausgestellt haben.

Ein Grundelement der neuen Kulisse – Der Mensch ist nicht das stumpfe Tier, für das man ihn oft hält

In Anbetracht dieser Überlegungen ist es nicht gerade eine beneidenswerte Aufgabe, die Kulisse der außersinnlichen Wahrnehmung zu gestalten. Auf der einen Seite haben wir die unsichtbaren Unbekannten. Auf der anderen Seite haben wir die eingebürgerten und anerkannten Etiketten, die uns intellektuell glauben lassen, wir wüßten, womit wir umgehen, obwohl dies ganz und gar nicht der Fall ist.

Ich möchte in diesem Buch eine Reihe von Konzepten wie »geistige Verschalung«, »Manifestationen geistiger Tätigkeiten«, »ASW-Kern« und »Vorstoß zum ASW-Kern« einführen, die die Elemente der außersinnlichen Wahrnehmung neu beschreiben sollen. Aber keines dieser Konzepte kann wirklich verstanden werden, wenn wir uns dabei nicht von den bestehenden Etiketten lösen und den Absprung zu einem neuen Verständnis der Wege schaffen, die die außersinnlichen Vorgänge tatsächlich gehen.

Um herauszufinden, wo dieses Sprungbrett zu finden sein könnte, habe ich mich entschlossen, mich auf den allgemein menschlichen Erfahrungsbereich zu beziehen.

Ich bin der Meinung, daß der Mensch nicht das stumpfe Tier ist, wie es von Akademien und der Wissenschaft postuliert wird. Im Leben stellt die Selbsterfahrung den einen gültigen gemeinsamen Nenner für die Realität dar. Sie ist wichtiger als die oft illusorischen Etiketten. Die Menschen können ja so ungebildet sein, wenn es darum geht, den Inhalt von Etiketten zu verstehen. Man fühlt sich minderwertig gegenüber solchen, die ganz geschickt damit um sich werfen können. Dabei sind diejenigen, die sich von Etiketten beherrschen lassen und bezüglich der jeweiligen Inhalte nur wenig Selbsterfahrung haben, eigentlich die Ungebildeten.

Selbsterfahrung ist der einzige Weg, die Realität wirklich kennenzulernen. Es ist die Selbsterfahrung, die zum Wirklichkeitssinn führt und immer höher einzuordnen ist als das Schaffen von Etiketten. Tatsache ist, daß Selbsterfahrung und Erkenntnis Hand in Hand gehen.

Das trifft besonders für ASW zu. Die außersinnliche Wahrnehmung hat eine stark dominierende Eigenschaft, die ignoriert wurde. Wie beim Essen, beim Schlafen, beim Sex und bei der Erstellung von Gedankenbildern handelt es sich immer um eine *Erfahrung* und nie einfach nur um ein Etikett. Es mag eine schwindelerregende, entnervende, verwirrende oder sublime Erfahrung sein, aber es ist und bleibt eine Erfahrung. Mit anderen Worten: Alle bekannten Formen der ASW sind psychisch-metabolische Funktionen der einen oder anderen Art, die als Selbsterfahrung in das Bewußtsein eingehen.

Wirkliche außersinnliche Wahrnehmung kann nicht über die Darstellung des Universums kontaktiert werden, das nur aus willkürlich zugeordneten Etiketten besteht. Sie kann nur im Universum der Erfahrung erlebt werden – und dann im Rahmen ihrer eigenen Regeln und Bedingungen.

Die Selbsterfahrung stellt also im Rahmen der neuen Kulisse, die ich hier für die ASW aufbauen möchte, die Hauptvoraussetzung für jegliches wirkliche Verständnis der ASW dar.

2. ASW – Eine neue Definition

Unter außersinnlicher Wahrnehmung verstehen wir normalerweise die Wahrnehmung von Dingen und Phänomenen, die außerhalb oder jenseits der normalen Sinne liegen. Dr. J.B. Rhine führte diesen Begriff mit der Veröffentlichung seiner Monographie *Extrasensory Perception* im Jahre 1937 in den Vereinigten Staaten ein. Dieser Veröffentlichung folgte im Jahre 1940 das Buch *Extrasensory Perception after Sixty Years*. Der eingeführte Begriff regte die Phantasie der Öffentlichkeit an, und schon bald war ASW ein alltägliches Wort.

Rhine benutzte dieses Wort in einem ganz bestimmten Zusammenhang, in dem er sich auf etwas ganz Bestimmtes bezog, nämlich auf wissenschaftlich kontrollierte Laborversuche. Er bezog sich nicht auf die vom Menschen gemachte Erfahrung mit außersinnlichen Phänomenen, sondern nur auf die Untersuchung derselben.

Eine gute Zusammenfassung darüber, wie dies zustande kam, ist in der *Encyclopedia of Occultism and Parapsychology* gegeben:

Beim Übergang von der psychischen Forschung um 1900 zur Parapsychologie der letzten Jahrzehnte handelt es sich größtenteils um eine semantische Revolution, durchsetzt von Abkürzungen wie ASW und PK und statistischen Analysen von Laborversuchen, die dem, was früher als eine recht dubiose Angelegenheit von Phänomenen in Zusammenhang mit Medien und Spiritualismus betrachtet wurde, einen Hauch von Achtbarkeit verleihen. Bei dem Vorgang, in dem paranormale Phänomene auf eine wissenschaftliche Ebene gehoben und somit unterstützungswürdig gemacht wurden, verlegte man sich zunächst auf Labortests, bei denen Karten und Würfelergebnisse zu erraten waren, denn solche Versuche konnten statistisch ausgewertet werden.[1]

Die besondere Nuance, die Rhine der ASW verlieh, diente der wissenschaftlichen Unterscheidung und Klarheit. Rhine hat den Begriff nicht erfunden. In den zwanziger Jahren wurde er schon in Europa benutzt, insbesonders von Dr. Rudolf Tischner, einem Facharzt für Augenkrankheiten, der auch okkulte und paranormale Phänomene untersuchte. Tischner benutzte den Begriff in enger Verbindung mit der »Externalisierung der Wahrnehmung«. Dieser Begriff geht in das Jahr 1892 zurück, als der französische Forscher Dr. Paul Joire ihn erstmals benutzte, um ein Phänomen zu beschreiben, bei dem eine Person in der Lage ist, Dinge außerhalb der körperlichen Hülle ohne die Benutzung der bekannten physischen Sinne wahrzunehmen.

Joire hatte dieses Phänomen insbesonders bei in Trance oder Hypnose befindlichen Versuchspersonen beobachtet. Sie konnten Gegenstände ausmachen, die sich außerhalb des eigenen Körpers und sogar in einiger Entfernung von ihnen befanden, in einem anderen Raum, dessen Tür geschlossen war. Die Existenz dieses Phänomens führte zu der Vorstellung, daß es Bestandteile des menschlichen Körpers oder menschlichen Geistes geben müsse, die sich aus dem Körper herausprojizieren und Objekte oder Ereignisse aus der Entfernung heraus ausfindig machen oder wahrnehmen konnten.

Diese Vorstellung schien sich auf angemessene Art und Weise zu bestätigen. Trancezustände und hypnotische Phänomene wurden im Laufe des späten neunzehnten Jahrhunderts und der ersten Jahrzehnte des zwanzigsten Jahrhunderts gründlich unter die Lupe genommen. Man fand heraus, daß bestimmte Personen die Fähigkeit hatten, ihre Wahrnehmung nach außen zu verlagern. Mit dem Rücken

1 Siehe: *Encyclopedia of Occultism and Parapsychology,* Gale Research Company, Detroit 1978, unter der Überschrift »Parapsychology«, Seite 692

auf einer Couch liegend, konnten sie Wände durchdringen, Straßen hinunterlaufen und sehen, was einige Häuserblocks weiter in der Küche eines Freundes geschah, während sie dabei ihre Erfahrungen vermittelten.

Manche dieser Meisterstücke sind recht unglaublich, und es scheint, daß sie sich gar nicht so selten zutrugen. Jeder ernsthaft interessierte Student der ASW wird irgendwann die Berichte über solche Ereignisse lesen wollen, die in fünf Bänden unter dem etwas irreführenden Titel *Abnormal Hypnotic Phenomena*[2] von Dr. Eric J. Dingwall zusammengetragen wurden.

Der Begriff »Externalisierung der Wahrnehmung« wurde mit dem Auftauchen des populären Begriffs »außersinnliche Wahrnehmung« ungebräuchlich. Wenn wir einmal beide Begriffe gründlich untersuchen, fällt uns ein signifikanter Unterschied zwischen beiden auf.

Der Begriff »außersinnliche Wahrnehmung« ist ein neutraler wissenschaftlicher Begriff, der keine Vorstellungen erweckt, die über seine Definition hinausgehen. Der Begriff »Externalisierung der Wahrnehmung« ist ein phänomenologischer Begriff, ein aktiver Begriff, der viele verschiedene Arten intuitiver Assoziationen hervorruft. Wie viele von uns sind jemals in der Lage gewesen, außerhalb des eigenen Körpers befindliche Dinge oder Ereignisse aus einer Entfernung heraus wahrzunehmen, Gefahr auszumachen, die an der Ecke lauert, zu fühlen, daß geliebte Personen auf der anderen Seite des Kontinents in Gefahr sind? Der Begriff »Externalisierung der Aufnahmefähigkeit« führt uns tiefer in den Kernbereich der Selbsterfahrung als der eher intellektuelle Begriff »außersinnliche Wahrnehmung«. Es ist wirklich bedauerlich, daß der Begriff »Externalisierung der Wahrnehmung« von der zeitgenössischen Parapsychologie nicht übernommen wurde, denn dann läge uns jetzt ein recht anderes Gesamtbild vor. »Außersinnliche Wahrnehmung« ist eng verbunden mit der statistischen Analyse

---

2 Eric J. Dingwall: *Abnormal Hypnotic Phenomena;* J. & A. Churchill, London 1967. Band IV wurde von Barnes & Noble 1968 veröffentlicht.

geringfügiger ASW-Erlebnisse, während *»externalisierte Aufnahmefähigkeit«* an Intuition und Selbsterfahrung denken läßt. Wer mit diesen beiden Begriffen arbeitet, sieht, daß »außersinnliche Wahrnehmung« ein kopf- und intellektorientierter Begriff ist, während »externalisierte Aufnahmefähigkeit« einen holistischen Erfahrungswert darstellt. Wer diesen feinen Unterschied nicht ohne weiteres nachvollziehen kann, möge sich einmal die Fakten in Erinnerung rufen. Es kommt nur selten zu bemerkenswerten ASW-Erlebnissen, wenn Sie jemanden auffordern, er solle seine Fähigkeit zur ASW, wie sie derzeit definiert ist, anwenden. Wesentlich mehr Glück werden Sie haben, wenn Sie sich auf »externalisierte Aufnahmefähigkeit« konzentrieren. Dann werden Sie in kürzester Zeit auf eine ganze Skala paranormaler Erfahrungen stoßen, auch dann, wenn Sie nicht auf frühere Erfahrungen zurückblicken können.

Wenn wir diese beiden Begriffe zusammen betrachten (und dies sollte der Fall sein), sehen wir, daß wir nur eine Seite der Medaille erfaßt haben. Wir sehen, daß es da eine Funktion gibt, die »hinaustritt« und Dinge und Ereignisse ohne die Anwendung der begrenzten physischen Sinne wahrnimmt. Nun muß unser Begriff aber auch aufzeigen, was »hereinkommt«. Und da steht die zeitgenössische Parapsychologie vor einem gähnenden Vakuum, obwohl dieses Problem einen Teil der psychischen Forschung ausmacht und von einigen wenigen vor-parapsychologischen Forschern in Augenschein genommen wurde.

Eine der wirklich epochemachenden Untersuchungen zur gesamten paranormalen Erfahrung wurde 1923 von Dr. Eugene Osty (damals Direktor des *Institut Metapsychique International* in Paris) veröffentlicht. Der französische Titel des Buches lautete: *La Connaissance Supranormale*. Es behandelt mehrere sagenhafte Fälle von Tests, die Osty mit begabten Medien oder sensitiven Personen durchführte, die in der Lage waren, Ereignisse wahrzunehmen, die sich weit entfernt von ihnen zutrugen oder sich erst in der Zukunft zutragen würden. Aber Osty ging noch einen Schritt weiter. Er versuchte, dem, was geschah, wenn diese Personen ihre Fähigkeiten mobilisierten, eine Form zu verleihen.

Seine Schlußfolgerungen sind in dem französischen Titel des Buches enthalten. Wir sind nunmehr Zeuge einer dieser semantischen »Purzelbäume«, die sich zutragen, wenn die Menschen nicht sicher sind, worüber sie eigentlich reden. Als Ostys Buch von Stanley de Brath in die englische Sprache übersetzt wurde, erschien es unter dem Titel: *Supernormal Faculties in Man*[3] (Die paranormalen Fähigkeiten des Menschen). Wir haben es hier – offen gestanden – mit einer groben Fehlübersetzung schlimmster Art zu tun, aber sie paßte nun mal genau in die wissenschaftliche Semantik der englischen Sprache und verlieh der englischen Version ein »wissenschaftlicheres« Flair.

Supranormale bezeichnet etwas, was außerhalb des Normalen liegt, während *la Connaissance* Wissen, Informationen, Verstehen, Lernen, Vorstellungen und Vertrautsein bedeutet.

Eine wörtliche Übertragung des Titels würde »paranormales Wissen« oder »paranormale Informationen« ergeben, und damit wäre die wichtigste Hypothese von Ostys Buch wiedergegeben, nämlich daß bei gewissen paranormalen Zuständen Wissen oder Informationen vorliegen, die von Personen anhand ihrer paranormalen Sinne angezapft werden können. Mit anderen Worten: Was in den Geist der Person »eintritt«, sind Informationen, ist Wissen, Lernen, Vertrautsein, sind Vorstellungen und Verstehen. Spekulationen stellt Osty lediglich über das »Wie« all dieser Gegebenheiten an; aber er geht davon aus, daß Menschen über sinnliche Mechanismen verfügen, die »hinaustreten« und sich auf paranormaler Ebene mit Informationen verbinden, die dann »eintreten«. Wenn Ostys bemerkenswertes Buch mit diesem Verständnis gelesen wird, wird die vermittelte Erkenntnis offenbar, die die zugesprochenen Lorbeeren mit Recht verdient.

Angesichts all dieser Erwägungen können wir den Begriff

---

3 Eugene Otsy: *Supernormal Faculties in Man;* Methuen & Co., London, 1923.

ASW-Ergebnis

Außersinnliche
Wahrnehmung

(Ergebnis)

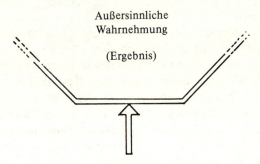

Externalisierung der Aufnahmefähigkeit

(Paranormale Vorgänge)
(vorbewußt)

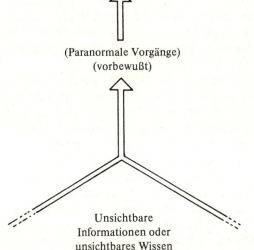

Unsichtbare
Informationen oder
unsichtbares Wissen

ASW neu definieren: Unter außersinnlicher Wahrnehmung verstehen wir das Ergebnis eines externalisierten Aufnahmevermögens, mit dem eine Verbindung zu Informationen und Wissen hergestellt wird. Diese Informationen und dieses Wissen werden dann anhand unterschwelliger Vorgänge in das Bewußtsein befördert, ohne daß die uns bekannten physischen Sinne dabei in Aktion treten. Das nachfolgende Schaubild stellt diesen Vorgang ganz allgemein dar.

Es sollte an dieser Stelle bemerkt werden, daß moderne russische Wissenschaftler einen Begriff geprägt haben, der alle diese Aspekte sehr gut abdeckt; der Begriff »außersinnliche Wahrnehmung« wird von ihnen nur selten benutzt. Statt dessen sprechen sie von »Bioinformationen«. Diese Bezeichnung birgt den Vorteil, daß alle willkürlichen Etiketten, die die westliche Gesellschaft zur Beschreibung von Phänomenen wie Hellsehen, Präkognition, Telepathie und ASW benutzt, umgangen werden. Es gibt bislang nur sehr wenig Rechtfertigungen dafür, den Begriff »Bioinformationen« auf diese Art und Weise abzusondern, zumal alle dahingehenden Versuche der Parapsychologie sich als fruchtlos erwiesen haben.

Die Verwendung des Begriffs »Bioinformationen« hat einen Vorteil, der nun wirklich nicht von der Hand zu weisen ist. Er konzentriert sich auf die Zielsetzung der Person, »Informationen« zu erhalten, anstatt auf hypothetische Fähigkeiten, die zur ASW führen könnten.

Der Schritt, den die Russen bei der Prägung ihres neuen Wortes unternommen haben, war wirklich brillant. Es ist wesentlich einfacher, Informationen in Kategorien zu unterteilen als die paranormalen Fähigkeiten zu kategorisieren, durch die diese Informationen zugänglich werden.

Ich habe mir die russische Herangehensweise für meine eigenen Erfahrungen und mein Leben zunutze gemacht, nachdem ich im Jahre 1975 erstmals von ihrer Forschung erfuhr. Wenn man die Informationen als Schlüssel benutzt, kann ASW im allgemeinen in drei Kategorien unterteilt werden, denen ich hier die Oberbegriffe: festverdrahtet, halbverdrahtet und drahtlos zuordne.

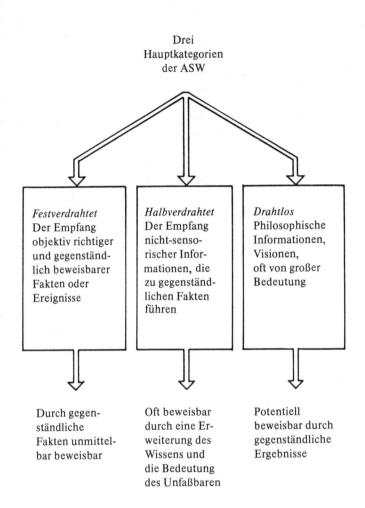

Drei
Hauptkategorien
der ASW

Festverdrahtet
Der Empfang
objektiv richtiger
und gegenständ-
lich beweisbarer
Fakten oder
Ereignisse

Halbverdrahtet
Der Empfang
nicht-senso-
rischer Infor-
mationen, die
zu gegenständ-
lichen Fakten
führen

Drahtlos
Philosophische
Informationen,
Visionen,
oft von großer
Bedeutung

Durch gegen-
ständliche
Fakten unmittel-
bar beweisbar

Oft beweisbar
durch eine Er-
weiterung des
Wissens und
die Bedeutung
des Unfaßbaren

Potentiell
beweisbar durch
gegenständliche
Ergebnisse

Unter festverdrahteter ASW verstehen wir das Ausmachen eines Gegenstandes oder Ereignisses unter
Umständen, unter denen die Glaubwürdigkeit des Wahrgenommenen objektiv nachgeprüft werden kann. Sie versuchen also zum Beispiel, einen Gegenstand auf einem in
einem anderen Raum befindlichen Tisch wahrzunehmen
und können Ihre Wahrnehmung anschließend auf ihre

Richtigkeit hin überprüfen. Wenn sich Ihre Bemühungen als erfolgreich herausstellen, hat es einen »festen Draht« zwischen Ihrem ASW-Bioaufnahmesystem und dem Gegenstand auf dem Tisch gegeben.

Ein Beispiel für halbverdrahtete ASW ist der »Empfang« einer neuen Idee (Information, Wissen) zur Durchführung eines neuen Projekts oder einer Erfindung oder einer Idee für eine neue Erfindung überhaupt. Der Ursprung der in Ihrem ASW-Bioaufnahmesystem »angekommenen« benötigten Idee – der Information – des Wissens ist dabei unbekannt. Sie können sodann das Projekt oder die Erfindung durchführen beziehungsweise ausführen und erhalten ein objektives und demonstrierbares Ergebnis.

Die drahtlose ASW umfaßt die Bereiche, die nicht objektiv belegt werden können. Sie sind philosophischer oder metaphysischer Natur – man spricht dabei mit den »Meistern«, zapft die Akasha-Chronik[4] an, hat neue Visionen über die Zusammensetzung des Universums (ohne den nachfolgenden Beweis für die Richtigkeit der Wahrnehmung), nimmt Prophezeiungen auf oder hat Präkognitionen, die sich nicht selbst erfüllen, erfährt von anderen Wesen oder Existenzen auf anderen Ebenen. Sollte ein drahtloser Fall von ASW sich in irgendeiner Form erfüllen, wird er selbstverständlich zu einem halbverdrahteten Fall.

Festverdrahtete ASW ist in gegenständlicher Hinsicht unmittelbar beweisbar.

Halbverdrahtete ASW läßt sich in letzter Instanz beweisen.

4 Der Begriff »Akasha-Chronik« ist eine Verfälschung des Sanskrit-Wortes Akaśa, welches sich in der alten Hindu-Mystik auf das Urelement bezog, das vor der Erschaffung von Körpern aus dem Chaos des Kosmos existierte. Es ist homogen und undifferenziert, soll aber alles, was seit der Schaffung existierte oder geschah, gespeichert haben. Einige Psi-Begabte meinen, in bestimmten Bewußtseinszuständen Zugang zu diesen gespeicherten Informationen zu haben, daher die Vorstellung einer »Chronik«. Das hebräische Alte Testament spricht in Zusammenhang mit Akaśa von den »kosmischen Gewässern«. Die zeitgenössische Quantenphysik kämpft mit Vorstellungen, die Akaśa analog sind.

Drahtlose ASW –?

Wie das vorstehende Schaubild zeigt, hängen diese drei Kategorien von der Gültigkeit der enthaltenen Informationen ab. Ich will mich in diesem Buch ganz spezifisch mit festverdrahteten ASW-Biowahrnehmungen befassen, denn sie ermöglichen wiederholbare Versuche bei unmittelbarer Rückmeldung. Sie werden Ihnen dabei helfen, sich Schritt für Schritt mit Ihrem eigenen ASW-Kern in Verbindung zu setzen und Vertrauen und ein Gefühl der Nähe zu ihm aufzubauen. Ist dies erst einmal geschehen, haben die anderen beiden Arten der ASW ein festeres Standbein und damit gute Entwicklungschancen.

Als ich mich zum ersten Mal freiwillig als Versuchsperson für die parapsychologische Forschung zur Verfügung stellte, waren mir diese Feinheiten selbst nicht klar, wußte ich doch noch nicht einmal, daß sie existierten. Ich begann in dem denkbar schlechtesten Zustand und versuchte, meine Erwartungen an die eigene ASW anhand der gebräuchlichen Etiketten zu erfüllen. Es war wohl mehr oder weniger Zufall, daß ich eine wichtige Entdeckung machte, die mir half, mich mehr oder weniger an die *connaissance supranormale* anzuschließen. Auf diese Entdeckung werde ich im vierten Kapitel zu sprechen kommen.

3. Die geistige Verschalung des ASW-Kerns

Unsere Szenerie für eine neue Herangehensweise an die ASW würde öde aussehen, wenn die Kulisse nur aus dem Potential des Menschen, ASW-Erfahrungen zu sammeln, bestände.

Noch ist die Bühne leer, aber wir wissen immerhin schon, warum die aus vergangenen Produktionen übriggebliebene Kulisse und Bühnenausstattung entfernt werden sollte. Schließlich wurden die Aufführungen schon nach begrenzter Laufzeit abgesetzt.

Um einen Anfang zu machen, wollen wir zunächst von einer Annahme ausgehen, die richtig sein *mag:* Wir gehen davon aus, daß außersinnliche Wahrnehmung und Geist wahrscheinlich nicht voneinander getrennt werden können. Ohne einen Geist (oder das Gehirn), der die in Erstaunen versetzenden und transrationalen Aktivitäten registriert, könnte wohl kaum jemand behaupten, daß die ASW überhaupt existiert. Wir wollen diese Aussage noch ein bißchen verfeinern und sagen, daß die Informationen, die man durch außersinnliche Wahrnehmung erhält, in den Bewußtheitsbereichen registriert werden, die auf einen Empfang vorbereitet sind und die ihnen keine Hindernisse in den Weg legen.

Daher sollten die Bereiche unseres Geistes die Grundkulisse für unsere neu definierte ASW darstellen. Diese Kulisse muß nun beschrieben werden, und zwar mit Begriffen, die unserem Erfahrungsbereich entlehnt werden, und nicht mit Etiketten, die einer Erfahrung geradezu entgegenstehen. Die Psychologie hat eine ganze Reihe von Etiketten für verschiedene Aspekte des menschlichen Geistes geschaffen, aber nur wenige von ihnen sind für unsere Zwecke geeignet.

44

Müßten wir diese Etiketten für unsere ASW-Bühne benutzen, erhielten wir eine eigenartig und völlig unästhetisch aussehende Szenerie. Von hier nähmen wir ein Etikett für das Ego und von dort für das Unbewußte, von einer noch anderen Stelle das Etikett für das Überbewußte und dann vielleicht noch zusätzliche Etiketten für Bewußtseinszustände 1, 2 und 3. Wir müßten uns Etiketten für Seele, Träume, Spontanerfahrungen, Tagträume, veränderte Zustände 1 bis 20 unterordnen.

Diese Etiketten würden wir dann *ablesen,* ohne daß sie uns ihre Bedeutung zugänglich machen. Was wir brauchen, um eine eigene Erfahrung von unserem Geist zu bekommen, sind Wortgebilde, mit denen wir uns intuitiv identifizieren können, die einen Ring von Wahrheit in sich bergen. Wir können nicht einfach hingehen und sagen: »Erfahre deinen Geist!« Dieser Versuch wäre vergeblich, wenn wir ihn auch in jedem Moment unseres Lebens sowieso erfahren. Wir müssen Teile unseres Geistes veranlassen, mit objektiven Worten in Resonanz zu kommen, sich selbst als real zu enthüllen und uns allen im Sinne dieser Realität vertraut zu werden.

Der nahezu einzige Weg zu diesem Ziel ist der Weg der Analogien. Es gibt viele, mit denen wir hier arbeiten könnten, aber ich bin auf eine Analogie gestoßen, die mir besonders geeignet erscheint, denn sie bringt drei Vorteile mit sich: sie stellt kein Etikett dar, sie läßt sich von der Psychologie nicht widerlegen und sie spricht unseren Erfahrungsbereich an.

Im Jahre 1904 wurde in dem von dem Psychologen Denton J. Snider verfaßten Buch mit dem langen Titel *Feeling Psychologically Treated and Prolegomena to Psychology* von dieser Analogie gesprochen. Sniders Buch ist ein wundervoller Ausflug in die Phänomenologie des Geistes, wie sie mehr oder weniger existierte, *bevor* der Freudianismus (der so viele Etiketten schuf) die Vorherrschaft übernahm und spezialisierte, mechanistische Anschauungen der Psychologie (die noch viele Etiketten mehr schuf) ins Leben gerufen wurden. Snider schrieb:

Wenn wir das Wort in seiner Einfachheit belassen, dann bezeichnet Psychologie die Wissenschaft der Seele oder des Geistes. Selbst eine solche Definition erlaubt noch einen weitgesteckten Spielraum, der von den unterschiedlichsten Verfassern mit einem Hang zur Spezialisierung auf unterschiedliche Art und Weise eingegrenzt wurde. Zur Zeit ist die Psychologie nach der auf breitester Ebene vertretenen Ansicht der Wissenschaft über die Phänomene des Geistes wie Wahrnehmung, Empfindungsvermögen, Gedächtnis. Diese Phänomene werden von dieser Wissenschaft entdeckt und (sozusagen) aufgelesen, um sie dann zu beschreiben und in eine Art Ordnungssystem einzufügen. So wie es Phänomene der Natur gibt, denen sich die Naturwissenschaften widmen, gibt es Phänomene des Geistes, mit denen sich die Wissenschaft der Psychologie beschäftigt. So wie es Arten von Blumen gibt, gibt es auch Arten geistiger Aktivitäten; so wie es in der Geologie Erdschichten gibt, so gibt es auch Schichten des Geistes. Als nächstes sehen wir den Unterschied zwischen den beiden Arten von Phänomenen. Der Geologe nimmt die Erdschicht wahr und ordnet sie in sein Schema ein; wenn er sich selbst aber als jemanden wahrnimmt, der die Erdschicht wahrnimmt, handelt er nicht mehr als Geologe, sondern als Psychologe. In dem Moment, wo sein Geist von der Betrachtung des äußeren Objektes zur Betrachtung seiner eigenen Aktivität übergeht, betritt er ein neues Terrain, das seine ihm charakteristische Wissenschaft hat, treten völlig andere Phänomene ins Blickfeld.

Sniders »charakteristische Wissenschaft« basiert selbstverständlich auf entsprechend charakteristischen Erfahrungen. Wenn wir einmal versuchen, die Funktionsweise unseres Geistes zu beobachten, können wir, glaube ich, darin übereinkommen, daß wir Klassen oder sogar Arten geistiger Aktivitäten erfahren. Von den Klassen der im Wachzustand ablaufenden geistigen Tätigkeiten abgesehen, können wir auch tiefere Schichten oder Ebenen des Geistes erfahren.

Wir wissen auch, daß wir bei der Meditation oder beim Schlafen auf tiefere Schichten sinken und wieder zu höheren Schichten aufsteigen, sobald wir uns dem Wachzustand nähern.

Wir können den von Snider erwähnten zwei Eigenschaften eine andere hinzufügen, nämlich die einer Grenze, und sagen, daß der Geist verschiedene Grenzen erfährt, so wie die Dinge in der Natur unterschiedliche Grenzen haben. Wir erfahren Grenzverschiebungen, wenn wir zuviel trinken, Gipfelerlebnisse haben, psychedelische Drogen einnehmen oder einer wunderbaren Symphonie oder Rockgruppe zuhören. Für diese geistig erfahrbaren Phänomene benötigen wir nicht unbedingt Etiketten. Sie treten auch ohne Namen unaufhörlich in unserem Geist auf.

Diese unterschiedlichen Klassen geistiger Tätigkeiten, diese unterschiedlichen geistigen Schichten und die unterschiedlichen Verschiebungen des geistigen Horizonts sind es, die uns die Kulisse für unsere neue Bühne liefern. Die außersinnliche Wahrnehmung arbeitet und funktioniert in diesem Rahmen, in dem wir zunächst einmal die Elemente der außersinnlichen Wahrnehmung und dann deren viele unterschiedliche Eigenheiten erfahren können. In jedem von uns gibt es irgendwo eine bestimmte Anordnung all dieser Dinge, die ich als »geistige Verschalung des ASW-Kerns« bezeichnen möchte. Dieser Begriff ist zwar gefährlich nahe daran, ein weiteres Etikett zu sein, aber nicht ganz. Er ist eher ein allegorisches Wort, das eine erfahrungsorientierte Geschichte erzählt, anstatt ein intellektuelles Etikett ohne Erfahrungsbezug zu sein.

Die geistige Verschalung des ASW-Kerns gleicht einer jener gewaltigen Erhebungen in den türkischen Wüsten, in den Ebenen des Mittleren Westens Amerikas oder im mexikanischen Dschungel. Nach außen mit Bäumen und Büschen bedeckt ragen sie so um die hundert Fuß in die Höhe und gleichen einem Hügel. Manchmal dienten diese Erhebungen als Müllhalde, und man findet kleine Überbleibsel – einen Steinguttopf, eine Pfeilspitze, eine kleine geschnitzte Götterfigur.

Wenn die Archäologen mit ihren Ausgrabungsarbeiten beginnen, ist es dann plötzlich gar kein Hügel mehr, sondern der Überrest eines Forts, eines majestätischen Friedhofs oder großen Tempels. Beim weiteren Vordringen findet der Archäologe die Fundamente, die Räume, die Kunstgegenstände und altertümlichen Aufschriften. Von diesen Schlüsselgegenständen ausgehend kann der Archäologe sich ein Bild von dem Lebensstil der früheren Einwohner verschaffen; sie ermöglichen ihm einen intuitiven Einblick in ihre Motivationen und Ziele, die jahrhundertelang unsichtbar, unbekannt und unerreichbar waren.

Um auf die außersinnliche Wahrnehmung zurückzukommen, dürfen wir uns nun zwar nicht eine mit Büschen bedeckte Erhebung in einer Wüste oder Ebene vorstellen, aber eine Erhebung im Geist, denn die ASW ist eine geistige Fertigkeit oder Kunst. Diese geistige Erhebung schlummert in den Ebenen oder Schichten des Geistes. Die in der Natur vorkommenden Büsche sind vergleichbar mit den Vorstellungen über die Beschaffenheit der ASW, die sich an der Oberfläche angesiedelt haben. Die Artefakte sind die spontanen ASW-Erlebnisse oder Laborergebnisse, die nicht mehr Erklärungen zulassen als die Töpferscherben oder kleinen Götterbilder, zumindestens solange nicht, wie die Erhebung selbst nicht durchdrungen ist.

Trotz der Artefakte auf der Oberfläche dieser geistigen Erhebung hat bisher noch niemand einen Graben in die Erhebung gegraben oder den Kern angeschnitten. Und somit bleiben die inneren Sekrete von den äußeren Aufschüttungen bedeckt.

ASW-Vorgänge sind unsichtbar

Die paranormalen Vorgänge in der geistigen Aufschüttung sind normalerweise für unsere direkte mentale Wahrnehmung unsichtbar. Wahrscheinlich gehen sie in den vorbewußten oder unbewußten Teilen unseres Geistes vor sich. Wenn wir dann allerdings eine außersinnliche Erfahrung machen, werden wir uns der in unser Wachbewußtsein eintretenden *Ergebnisse* dieser unsichtbaren Vorgänge bewußt.

Geht man mit unsichtbaren Dingen um, vergleicht man sie für gewöhnlich mit sichtbaren oder greifbaren, zumindestens aber mit denkbaren Dingen. Dadurch bringen wir das Unsichtbare auf eine Ebene, auf der unsere bewußte, denkende Bewußtheit auf intellektuelle Weise damit umgehen kann. Wir sollten aber keinesfalls vergessen, daß dies nur vorübergehende Bezugnahmen sind, mit denen wir uns den Umgang auf der Ebene der Bewußtheit erleichtern.

Der Begriff »außersinnliche Wahrnehmung« ist eine Bezeichnung für etwas Unsichtbares, welches wiederum andere unsichtbare Vorgänge wie Hellsehen, Telepathie, Präkognition und Fernwahrnehmung umfaßt. Eine Person »sieht« eine Tätigkeit, die in einer Entfernung von tausend Meilen vor sich geht; bestätigt sich das »Gesehene«, heißt es: »Ah, das war Hellsehen.« Das ist zwar soweit richtig, sagt uns aber rein gar nichts über das, was während des als »Hellsehen« bezeichneten Vorgangs geschieht.

Seit Anbeginn der organisierten Erforschung paranormaler Phänomene beim Menschen ist man davon ausgegangen, daß die außersinnliche Wahrnehmung so arbeitet wie die physischen Sinne, daß wir also bei der ASW »sehen«, wie unsere Augen sehen, »hören«, wie unsere Ohren hören, und »fühlen«, wie unser Tastsinn fühlt. Für diese Erwartungshaltung gab es durchaus Gründe, denn in Fällen durchsetzungsfähiger ASW war dies tatsächlich der Fall. Der Perzipient (derjenige, der die ASW-Erfahrung macht) hatte mitunter so klare und präzise ASW-Eindrücke, daß er in der Tat mit seinen Augen zu sehen schien.

Wenn dies *wirklich* der Fall ist, ist es selbstverständlich, wenn wir fälschlicherweise glauben, ASW-Vorgänge würden *immer* so vonstatten gehen. Aber was uns in Wirklichkeit lediglich vorliegt, ist das *Resultat* der unsichtbaren Vorgänge, die unter durchsetzungsfähigen Bedingungen spontan vor sich gehen. Dies hoch ausgeprägte Funktionieren dient der Bestätigung unserer Erwartungen und Bestärkung unseres Glaubens, daß das Resultat mit der ASW selbst identisch sei. Aber damit *entfernen* wir uns von jeglicher Kontaktmöglichkeit mit den unsichtbaren Vorgängen, die diese Art von Resultat *erbrachten.* Wie wir sehen werden, besteht die ASW eigentlich aus mehreren verschiedenen Arten von Vorgängen, einer Reihe von »Manifestationen geistiger Tätigkeiten«, die dann auf unsichtbare Weise eintreten, wenn eine Person bestrebt ist, die ASW in irgendeiner Form zu nutzen.

Während wir hier tiefer in spezifische Aspekte der unsichtbaren ASW-Vorgänge eindringen werden, wollen wir aber nicht die Spur der höheren Implikationen verlieren. Insbesondere wollen wir nicht in einen so oft begangenen Fehler verfallen: Wir wollen das *»ASW-Ergebnis«* nicht von dem umfassenderen, unsichtbaren Psi-System trennen, isoliert unter ein Vergrößerungsglas legen und dabei dann die Verbindung zu den umfassenderen paranormalen Realitäten verlieren, die das *Ergebnis* ja erst produziert haben.

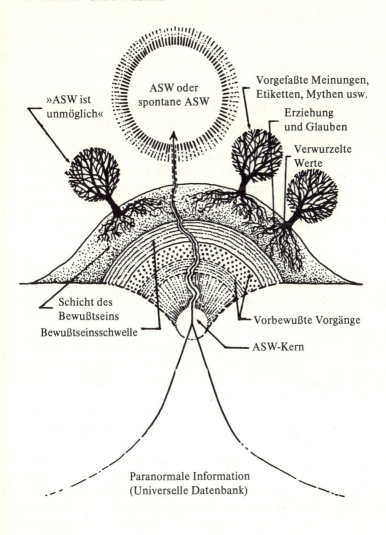

Die geistige Verschalung des ASW-Kerns

4. Die ASW-Erfahrung und ihre Nachwirkungen

Eigenerfahrung und Nachwirkungen sind zwei notwendige Elemente, wenn wir ein Phänomen auf die Realitätsebene erheben wollen.

Ohne diese beiden Elemente können wir mit den Phänomenen des Lebens nur in vagen Kontakt kommen. Sie verankern uns in der Realität. Ohne sie können wir nur eine Vorstellung davon gewinnen, wie etwas beschaffen sein könnte, eine Vorstellung, die überintellektualisiert und mit Etiketten verklebt werden kann. Und damit sind wir auf dem besten Wege, ein bißchen »dumm dazustehen«, wenn wir schließlich mit der Sache, wie sie wirklich ist, konfrontiert werden.

Ich denke, wir sollten uns eingestehen, daß niemand ein Urteil über außersinnliche Wahrnehmung (oder das Paranormale überhaupt) fällen kann, solange er oder sie nicht selber irgendeine Erfahrung damit gemacht hat. Einige wenige Erfahrungen führen sicherlich nicht zu völligem Wissen und Verstehen, aber immerhin zu einer Verschiebung der Grundeinstellung.

Zwischen 1971 und heute habe ich wohl an mehr als einer halben Million unterschiedlicher Arten von ASW-Experimenten und Tests teilgenommen. Auch konnte ich mir einen guten Überblick über alle intellektuellen Mutmaßungen verschaffen, die sich um die ASW und ihre Probleme herum angesammelt haben. Von all diesen Versuchen und ASW-Tests haben mich allerdings jene, mit denen meine Karriere als parapsychologische Versuchsperson begann, am meisten ergriffen.

Die ersten Versuche sind repräsentativ für die Eigenerfahrung und die Nachwirkungen, die jeder in gewissem Ausmaß erleben wird, der dieses Buch als Anleitung benutzt und versucht, Kontakt mit dem eigenen ASW-Kern zu bekommen. Sie mündeten in einer Entdeckung der besonderen Elemente, die Gegenstand dieses Buches sind.

Im Sommer 1971 wurde ich durch Freunde eingeladen, Proband an der respektablen *American Society for Physical Research* (APR) in New York zu werden. Diese Gesellschaft war erstmals im Jahre 1885 gegründet worden und hat seitdem einen recht abwechslungsreichen Weg zurückgelegt. Gegründet wurde sie als Gegenstück zur einige Jahre früher, nämlich 1882 ins Leben gerufenen *British Psychical Research Society (SPR)*. Das französische Gegenstück wurde unter der Bezeichnung *Institut Metapsychique International* 1918 in Paris gegründet. Diese drei Gesellschaften werden deshalb hier genannt, weil ihre Archive viel von dem enthalten, was in diesem Buch später diskutiert wird. Ihr gemeinsames Ziel war die Erforschung der verschiedenen Arten paranormaler Phänomene, wenn auch die Wege der Forschung je nach Leitung der Institute seit ihrer Gründung in unterschiedliche Richtungen gingen.

Zwischen 1971 und 1972 ging ich dreimal pro Woche zur ASPR, um bei den damals laufenden Experimenten als »Proband« zu dienen. Leiter der Forschung war zu diesem Zeitpunkt Dr. Karlis Osis, ein erfahrener Parapsychologe aus Riga, Lettland. Seine Assistentin war Janet Mitchell, die in der Zwischenzeit im Fachbereich Parapsychologie ihren Doktor gemacht hat. Osis und Mitchell waren damit beschäftigt, die außerkörperlichen Erfahrungen zu ergründen und bestrebt, »Meerschweinchen« für ihre Tests heranzuziehen.

Zu Beginn dieser Versuche glaubte ich zwar an die Existenz der ASW, glaubte aber *nicht,* daß ich ein besonderes Talent dafür besaß. Dennoch war ich interessiert und hatte durchaus nichts dagegen, als Freiwilliger bei diesen Tests mitzuarbeiten. Diese meine Haltung muß ich deshalb betonen, weil viele Leser sich in derselben Lage befinden werden, nämlich an ASW zu glauben, aber auch zu denken, daß sie selber kein Talent dafür haben. Aber dann fiel es mir wie Schuppen von den Augen, und meine mittlerweile sechzehnjährige Karriere als Sensitiver begann.

Die in der ASPR durchgeführten Tests hatten folgenden standardisierten Verlauf: Irgendein Gegenstand wurde aus dem Sichtfeld des Probanden gebracht, der dann wahrnehmen mußte, um was für einen Gegenstand es sich handelte. Die Gegenstände wurden auf Tischen in anderen Räumen plaziert, in Geräten versteckt, in Kisten gelegt, die von der Decke hinunterhingen. Manchmal waren die Zielobjekte an außerhalb der ASPR liegenden Orten verborgen, insbesondere in den Räumen des zehn Häuserblocks entfernten *Museum of Natural History*. Die letztgenannten Versuche waren die ersten Experimente der modernen Zeit, bei denen größere Entfernungen zu überwinden waren; es handelte sich um »Fernwahrnehmung«. Die erste »Fernwahrnehmung« hatte zwar bereits etwa 55 Jahre früher stattgefunden, aber das war mir nicht bekannt, und die Forscher meiner Zeit hatten es im allgemeinen vergessen.

Die von Dr. Osis bei der Untersuchung außerkörperlicher Wahrnehmungen hauptsächlich angewandte Methode bestand darin, daß er einige Zielobjekte flach in eine Schachtel legte, die dann zwei Fuß unter der hohen Decke des Versuchsraums aufgehängt wurde. Eine achtsprossige Leiter wurde benutzt, um die Zielobjekte in die Schachtel hineinzulegen und wieder herauszuholen. Die Gehirnströme des Probanden wurden von einem Gehirnwellen-Aufzeichnungsgerät aufgezeichnet, und der Proband wurde im wahrsten Sinne des Wortes mit dem Stuhl verdrahtet. Er konnte sich kaum bewegen, ohne nicht sofort Störungen am Aufzeichnungsgerät zu verursachen. Ziel war es, »aus dem Körper herauszusteigen« und zu versuchen, die Zielobjekte in den acht Meter hoch über dem Kopf befindlichen Schachteln zu identifizieren.

Mit seiner früh einbrechenden Kälte, dem Schnee und Schneeregen war der Winter von 1971 ganz besonders unangenehm. Immer, wenn ein Experiment angesetzt war, mußte ich die lange U-Bahn-Fahrt von meinem Zuhause zu den Räumen der ASPR zurücklegen, wo ich für gewöhnlich mit triefender Nase ankam. Dann saß ich eine halbe Stunde oder länger auf dem Stuhl, während die Leitungen des Polygraphen an den verschiedenen Stellen meiner Kopfhaut, an Handgelenken und Knöcheln angebracht wurden. Eine andere Leitung wurde (zur Messung des Blutdrucks) an meinem Finger befestigt, eine weitere befand sich an der Brust (zum Zählen der Herzschläge).

Nachdem diese Vorbereitungen beendet waren, wurde ich in den Raum geführt, in dem die Zielobjekte in der Schachtel von der Decke hingen. Ich setzte mich auf einen Stuhl, und alle Leitungen wurden in die direkt hinter dem Stuhl befindliche Steckdose an der Wand gestöpselt. Ich hatte kaum noch Bewegungsfreiheit, da jede größere Bewegung »Artefakte« auf dem Gerät im anderen Raum hervorrief.

Wenn alles betriebsbereit war, wurde das Licht abgeschwächt, und ich wurde aufgefordert, zu versuchen, meinen Körper zu verlassen, zu der Schachtel hinaufzuschweben und von der Decke aus hineinzublicken. Wenn meine Nase dann immer noch triefte, war es schlecht um mich bestellt. Ich konnte unmöglich ein Taschentuch aus meiner Tasche ziehen, ohne das gesamte EKG-System zu unterbrechen.

Wenn ich mich nun einfach der Vorstellung hingab, unter die Decke zu schweben, hatte ich wenig Chancen, zu »sehen«, was sich in der Schachtel befand. Alle möglichen Eindrücke gingen mir dann durch den Kopf – die Geschäftigkeit auf der Straße außerhalb des Gebäudes, die Vorgänge in anderen nebenliegenden Räumen und einige flüchtige Bilder, die ich für Ansichten des Schachtelinhalts hielt. Ich versuchte, die Eindrücke in die Sprechanlage und auf das Tonband zu sprechen.

Was ich wirklich »sah«, war ein Wust von Formen, die sich vage und fließend veränderten, als ob es in meinem geistigen Wahrnehmungsapparat ein Kaleidoskop gäbe, welches unaufhörlich Teile und Fragmente von Bildern entwickelte und neu formte. Ab und zu stabilisierte sich ein Bild für einen Moment, um dann wieder zu verblassen. Mir wurden Farben und verschiedene Formen bewußt, die zueinander in einem bestimmten Verhältnis standen. Wenn ich versuchte, diese Eindrücke zu verbalisieren, wie das Protokoll es vorschrieb, klang eine typische Rückmeldung ungefähr so: »Oh, ich sehe eine Form. Sie hat Ecken, aber ich erkenne nicht, ob es ein Quadrat oder ein länglicher Gegenstand ist. Ich sehe so etwas wie ein Haus, aber ich weiß ja, daß in der Schachtel kein Haus sein kann. Vielleicht ist es ein Spielzeughaus. Aber es ist nicht sehr dick, also vielleicht ist es ... (ich lasse die Worte hier aus) ...; daneben ist etwas, was wie ein Kreuz oder eine Sicherheitsnadel aussieht; oh, jetzt sehe ich eine Windel, aber das ist offensichtlich eine Assoziation zu der Sicherheitsnadel; oh, das quadratartige Ding ist rot oder rosa und scheint so ungefähr einen halben Zoll dick zu sein.«

Als das Experiment beendet war, wurde ich von den Elektroden befreit, und wir betrachteten das Zielobjekt. Es stellte sich als kleines rotes Adreßbuch (nicht Spielzeughaus) heraus, und daneben war ein kleines goldenes, an eine Sicherheitsnadel gestecktes Kreuz. Aber es lagen auch noch andere Dinge in der Schachtel, die ich überhaupt nicht wahrgenommen hatte, wie ein ausgeschnittenes Stück Papier und eine Reihe von Zahlen. So war das Experiment also teilweise ein Erfolg, während ich andere Dinge gar nicht wahrgenommen hatte.

Ich mußte daher die Vorstellung ablegen, daß meine ASW wie ein Fernsehbildschirm in meinem eigenen Geist funktionierte oder meine außerkörperliche Wahrnehmung kristallklar war. Dies genau ist der Punkt, an dem viele Menschen aufgeben und in die reale Welt zurückkehren wollen.

Aber Karlis Osis und Janet Mitchell waren mit den Ergebnissen recht zufrieden. Sie sprachen von einem Erfolg, während es für mich nur ein Teilerfolg war. Ich wurde ermutigt, mit den Experimenten fortzufahren.

Ich begann nun, den Vorgängen in meinem Kopf mehr Aufmerksamkeit zu widmen, wenn ich die Zielobjekte zu identifizieren versuchte. Dabei stellte sich unter anderem eine Sache heraus: Wenn ich versuchte, die Bilder mit einem Wort zu identifizieren und meine Rückmeldungen auf das Tonband diktieren wollte, kamen mir viele unterschiedliche Worte in den Sinn. Und diese Worte riefen dann ihrerseits wieder eine ganze Reihe von Assoziationen wach.

So gewann ich beispielsweise einen Eindruck von einem rundlichen roten Ding. Oder war es ein ovales Ding? Vielleicht auch ein herzförmiger Ausschnitt, nein, vielleicht einfach ein Kreis? Und schon schwirrten in mir alle möglichen herzförmigen Dinge und Kreise herum, ja, sogar Bilder der St. Valentinstag-Herzen, die ich mich erinnerte, früher in der Schule ausgeschnitten zu haben. Und jede Menge Kreise. Ehe ich mich versah, konnte ich nicht mehr zwischen den Bildern unterscheiden, die durch Worte hervorgerufen wurden, und denen, die wirklich den Inhalt der Schachtel darstellen konnten.

Das Problem der Wortfindung

Ich besprach dieses Problem mit den Forschern, die das gut nachvollziehen konnten. Aber der anerkannte Weg bestand nun mal darin, die Eindrücke auf ein Tonband zu sprechen, und dafür benötigte man Worte. Immerhin bestanden die Zielobjekte in der Schachtel nicht aus »Worten«, sondern aus Gestalt und Form, die erkannt werden mußten, *bevor* man das korrekte Wort dafür finden konnte. Sicher, wenn die außerkörperliche Wahrnehmung mit der Schärfe der physischen Augen arbeitete, hätte es kein Problem gegeben. Aber ich nahm ja nur kleine Stücke von Gestalten, Formen und Farben wahr, die in sich selbst nicht deutlich waren. Jeder Versuch, das Wahrgenommene zu benennen, rief in meinem Kopf Bilder hervor, die zu diesem bestimmten Wort paßten – mit dem Resultat, daß ich Dinge »sah«, die ganz klar nicht in der Schachtel waren.

Ich begann mir darüber klar zu werden, daß der bloße Versuch, das, was ich »sah«, zu *verbalisieren,* schon ein Hindernis darstellte, denn dadurch wurden weit mehr Bilder in meinem Kopf produziert, als ich gebrauchen konnte. Diese zusätzlich hervorgerufenen Bilder überfluteten das ASW-Feld mit nutzlosen und unangebrachten Informationen.

Aus diesem Grunde waren meine ersten Ergebnisse nicht sehr gut. Meine aufgenommenen verbalen Rückmeldungen enthielten nur wenig zielobjektbezogenes Material. Ich war sehr enttäuscht.

Meine ersten Zeichnungen

Zwischen den Experimenten dachte ich immer wieder: »Es muß noch einen anderen Weg geben ...«

Als ich dann eines Tages mit der U-Bahn unterwegs war, kam mir die Idee. In den frühen siebziger Jahren begann man überall in der Welt darüber nachzudenken, wie man – insbesondere auf Flughäfen und Bahnhöfen, wo so viele Menschen unterschiedlicher Muttersprachen verkehrten – Zeichen schaffen konnte, die keiner Worte mehr bedurften. Aus Europa stammte dann die Idee, ein Zeichen herzustellen, das nicht mehr in ein halbes Dutzend Sprachen übersetzt werden mußte. Der Hinweis »Rauchen verboten« bestand nicht mehr aus Worten, sondern aus dem Bild einer mit einem X durchgestrichenen Zigarette. Der Weg zum Telefon wurde nicht mehr mit Worten, sondern mit einem Bild von einem Telefon und einem in die jeweilige Richtung deutenden Pfeil angezeigt. In der U-Bahn wurden die für Behinderte reservierten Sitze mit einem auf den Sitzen gemalten Rollstuhl oder Krücken gekennzeichnet. In den U-Bahnstationen gab es Zeichen für Treppen, die nicht aus dem Wort »Treppe«, sondern aus dem Bild einer Treppe mit einem Pfeil bestanden.

Damals waren diese Zeichen Neuheiten, aber mir fiel auf, wie viele Informationen diese Zeichen eigentlich enthielten, ohne auch nur ein Wort zu benutzen.

Ich kam zwar nicht sofort darauf, dies für mich zu nutzen, hatte aber eines Nachts einen Traum. Ich träumte von dem Versuchsraum der ASPR, der mit vielen solcher Zeichen gefüllt war.

»Aha!«, sagte ich beim Erwachen. »Ist dies ein Weg, das Problem mit den Worten bei den Versuchen loszuwerden?«

Als ich an jenem Tag bei der ASPR ankam, um Versuche anzustellen, machte ich Osis und Mitchell einen Vorschlag. Es schien ein simpler und sogar alberner Vorschlag zu sein. Warum sollte ich das, was ich »sah«, nicht skizzieren? Anstatt mich auf die Suche nach Worten zu begeben – warum sollte ich nicht die Formen und Figuren so aufzeichnen, wie sie mir erschienen, und so meinen Kopf von der Aufgabe befreien, alles in Worte zu übersetzen?

Als es sich herausstellte, daß die Gehirnwellenaufzeichnungen durch Bewegungen meines kleinen Fingers nicht gestört wurden, wenn ich mir ein Kissen auf das Knie legte, akzeptierten Osis und Mitchell meinen Vorschlag.

Zu unserer aller völligen Überraschung führte diese scheinbar unbedeutende Verfahrensänderung von der Wortfindung zur Herstellung von Zeichnungen dazu, daß meine ASW-Erfahrung nun aufregend und hoffnungserweckend, anstatt auf ärgerliche Art und Weise aussichtslos wurde. Die neue Methode der Zeichnungsanfertigung führte zu ganz ausgezeichneten Ergebnissen. Wir »kochten jetzt« sozusagen »mit Gas«.

Nachwirkungen der ASW

Im November und Dezember 1971 begann ich damit, meine psychischen Eindrücke über die in der von der Decke hängenden Schachtel versteckten Zielobjekte durch Zeichnungen wiederzugeben. Die psychischen Rückmeldungen erreichten damit unverzüglich eine andere Qualität, was ich hier an zwei Beispielen aufzeigen möchte.

Am 24. November 1971 kam ich mit einer leichten Grippe im ASPR an, und im Versuchsprotokoll ist davon die Rede, daß ich den eigentlichen Versuch mit triefender Nase durchführte. Als ich fühlte, daß sich meine Aufnahmefähigkeit nach außen verlagert hatte und zur Decke »emporgestiegen« war, registrierte ich zwei Objekte in der Schachtel. Schnell fertigte ich in etwa dreißig Sekunden eine Zeichnung davon an.

Hier zunächst die Skizze der Zielobjekte, die in der Schachtel lagen:

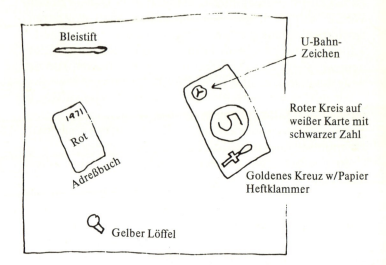

Es gab also acht einzelne Zielobjekte: einen Bleistift, einen gelben Kunststofflöffel, ein rotes Adreßbuch für das Jahr 1971, eine weiße Karte mit einem U-Bahnzeichen, (wieder) ein Kreuz an einer Sicherheitsnadel und einen roten Kreis mit der schwarzen Zahl fünf darauf.

Es folgt meine aufgezeichnete Rückmeldung.

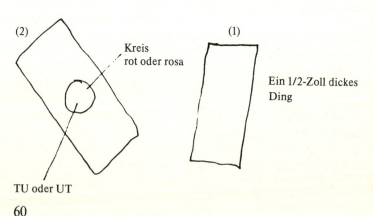

Sie werden bemerken, daß ich mehrere Objekte nicht »gesehen« habe: den Bleistift, den gelben Plastiklöffel, das Zeichen oder das Kreuz. Ich hatte die rote quadratische Form des 1971er Kalenders wahrgenommen und die korrekte Dicke angegeben. Daneben zeichnete ich die längliche Form der weißen Karte und identifizierte richtig den roten Kreis mit einer Zahl darin. Diese wurde als TU oder UT angegeben. Darüber waren alle sehr erstaunt, denn hätte ich nur eine kleine Linie zwischen dem U und dem T hinzugefügt, hätte ich die Zahl 5 richtig wiedergegeben.

UT = UT oder 5

Aufgrund dieses Versuchs wurde ich in der Annahme bestärkt, daß es in der Tat ein verstecktes außersinnliches Wahrnehmungssystem geben müsse, das nach eigenen Regeln und Logiken funktionierte. Mein Respekt nahm zu, und ich fand es jetzt notwendig, mich mit den tieferen Inhalten zu beschäftigen. Denn eins war klar: Wenn ich mit meiner Vermutung richtig lag, dann hieß es, daß wir eine sehr fundamentale Art von ASW-System besitzen, das nur deshalb, weil seine Elemente nie in ihrem eigentlichen Zustand erkannt worden waren, in einem unentwickelten Zustand in uns liegt. Diese Elemente wurden nur bei spontanen Erscheinungsformen registriert und durch Etiketten und Worte dargestellt, die nicht besonders geeignet sind, die tatsächliche Struktur dieses versteckten außersinnlichen Wahrnehmungssystems zu beschreiben. Ich kam zu dem Schluß, daß dieses System zu einer ausgefeilten und sehr exakten Wahrnehmung fähig sein mußte, wenn man ihm erlaubte, nach eigenen Regeln und Logiken in Aktion zu treten.

Der zündende Funke stellte sich während des Versuchs am 30. Dezember 1971 ein. Danach nahm mein Leben einen anderen Verlauf.

Ich erinnere mich sehr gut an diesen Tag. Es gab leichte Schneeschauer, war aber nicht sehr kalt. Ich fühlte mich gut und war eifrig bei der Sache. Als ich dann aber mit meiner Zeichnung fertig war, war ich irgendwie enttäuscht. Sie sah den anderen sehr ähnlich, und ich fragte mich, ob sie als Zielobjekt wieder die Zahl 5 ausgewählt hatten. Ich hatte mich darauf eingestellt, mehrere Objekte in der Schachtel zu »sehen«, nahm aber in diesem Fall nur eines wahr. Hier meine Zeichnung:

ein grünes Ding

Buchstaben?
Vielleicht arabische Buchstaben

Die Zielobjekte waren in wenigen Augenblicken heruntergeholt, und wir betrachteten sie. Es befanden sich drei Dinge und eine Reihe von Zahlen in der Schachtel, die ich überhaupt nicht wahrgenommen hatte, und arabische Buchstaben gab es gar nicht.

Dr. Osis schaltete zuerst. »Ingo«, sagte er in seinem charmanten lettischen Akzent, »wenn du deine Zeichnung auf den Kopf stellst und sie dann betrachtest, siehst du, daß du die 7-UP-Dose perfekt wiedergegeben hast.« Und so war es. Was ich als arabische Buchstaben wahrgenommen hatte, war eigentlich das auf den Kopf gestellte 7-UP.

Nachdem die Arbeit dieses Tages getan war und wir uns alle gegenseitig zu dem erfreulichen Ergebnis gratuliert hatten, ging ich zum U-Bahneingang. Es schneite leicht, und mir liefen, offen gesagt, Schauer über den Rücken. Als ich die Stufen hinunterging, wurde ich von den Nachwirkungen eingeholt.

Es gab tatsächlich einen »sechsten Sinn«!

Irgendwo in meinem geistigen Körper gab es ein paranormales Element – später als »ASW-Kern« bezeichnet –, das in der Lage war, ein verstecktes Zielobjekt wahrzunehmen und eine ganze Reihe von Informationen zu übermitteln, ohne auf intellektuelle Art Worte zu benutzen. Das heißt, ohne das Bewußtsein einzuschalten, das in jedem Fall so benommen war, daß es das 7-UP nicht sofort erkennen konnte, weil der sechste Sinn es auf den Kopf gestellt hatte.

Während dieses langen Innehaltens auf der U-Bahntreppe gingen mir viele Dinge durch den Kopf, und eine Gänsehaut zog mir in Schauern den Rücken entlang. Was war der tiefere Sinn all dieser Dinge? Was hatte es zu bedeuten, daß ohne Wissen meines bewußten Geistes eine versteckte Ebene in mir existierte, die mit einem gleichermaßen versteckten Zielobjekt in außersinnlichen Kontakt treten konnte?

Diese versteckte Ebene war mir aus dem, was ich aus Büchern über ASW gelernt hatte, fremd. Sie paßte einfach nicht zu dem, was ich erwartet hatte. Aber die Ergebnisse lagen vor und entwickelten sich während der nachfolgenden Experimente weiter. Der ASW-Sinn war nicht Teil des Bewußtseins und war durch bewußtes Intellektualisieren und Etikettieren nie wirklich berührt worden. In der Tat, nur durch den Wechsel von der bewußten Produktion von Worten zur halbbewußten oder spontanen Anfertigung von

Zeichnungen war er sichtbar geworden, und dieser Wechsel war rein zufällig vorgenommen worden. Mein Gott, dachte ich, wenn der Mensch solche Fähigkeiten hat, wo liegt dann deren tiefere Bedeutung?

Als die Nachwirkungen der ASW vorübergingen, wurde ich mir wieder meiner Umgebung bewußt, der Geschäftigkeit vor dem Jahreswechsel. Ich war ganz einfach erstaunt.

Im Laufe der nächsten Tage fragte ich mich, ob ich wohl die erste Person war, die mit Zeichnungen arbeitete. Ich hoffte aufrichtig, daß auch andere sie benutzt hatten, denn dann wäre es mir möglich, meine Arbeit mit der ihren zu vergleichen – und hoffentlich mehr über diese versteckte ASW-Ebene in Erfahrung zu bringen.

Sobald man weiß, was man eigentlich sucht, ist die Forschung nicht mehr ganz so schwierig. Im Laufe des Jahres 1972 fand ich heraus, daß außer meinen eigenen tatsächlich noch andere Zeichnungen existierten und daß die bemerkenswertesten von ihnen im Anfangsstadium der organisierten psychischen Forschung im neunzehnten Jahrhundert angefertigt worden waren. Dennoch hatte ihnen niemand eine besondere Bedeutung zugeordnet; sie tauchten in Zeitschriften und Büchern lediglich als Kuriositäten auf.

Ende 1971 war mir eine Sache klargeworden: Das System der Psi-Fähigkeiten der geistigen Verschalung mußte von allen anderen Äußerungen des Geistes befreit werden, da diese eine klare Wahrnehmung der fundamentalen und primären außersinnlichen Wahrnehmung behinderten. Um dahin zu gelangen, mußte ich meine gesamten Vorstellungen von ASW beiseitelegen, die vielen Etiketten abwerfen, von denen meine bewußten Erwartungen geleitet wurden, und die in den Zeichnungen selbst enthaltenen Elemente untersuchen.

Auf diese Art und Weise öffnete sich mir schließlich mein ASW-Kern, und mein Bewußtsein bekam neue, durch Erfahrungen gestützte Informationen, um schließlich neue Werte und Wertschätzungen für die ursprüngliche außersinnliche Wahrnehmung zu schaffen.

5. Das außersinnliche Du

Im Laufe der letzten fünfzehn Jahre habe ich *alle* veröffentlichten Zeitschriften über psychische Forschung und Parapsychologie durchstöbert, die in englischer und französi-
scher Sprache erschienen sind. Auch habe ich mehrere hundert Bücher gelesen, weil ich nach Beschreibungen dessen
suchte, was im Kopf einer Person vorgeht, die ASW-Erfahrungen macht, insbesondere festverdrahtete Erfahrungen.
Meine Erlebnisse in der ASPR im Jahre 1971 warfen viele
Fragen auf. Unter anderem fragte ich mich, ob es früher
wohl schon Versuchspersonen gegeben hatte, die dieselbe
Art von Phänomenen wahrgenommen hatten wie ich. Zunächst hatte ich erwartet, Berichte mit detaillierten Angaben darüber zu finden, wie ein Proband sich während eines
Psi-Versuchs fühlt. Es stellte sich aber heraus, daß solche
Berichte sehr rar waren, soweit sie überhaupt existierten.

Ich konnte weder einen Katalog noch einen Index finden,
der mir meine Suche erleichterte. Mit einem Gefühl der
Verzweiflung setzte ich mich schließlich hin und begann
mit den ersten Zeitschriften und Verfahren, die 1882 von der
BPRS veröffentlicht worden waren. Durch diese wie auch
durch die Veröffentlichungen anderer Forschungsgruppen,
die nach diesem Datum ins Leben gerufen worden waren,
arbeitete ich mich methodisch durch. Was in diesem großen
Archiv fehlt, ist eine Kategorie von Berichten mit detaillierten Angaben darüber, was während der ASW-Erfahrung im
Kopf der Versuchsperson vor sich geht. Ich bin fest davon
überzeugt, daß die Kopferfahrung eines Probanden – besonders, wenn er erfolgreich ist – für jeden, der wirklich mit den
fundamentalen Arbeitsweisen der außersinnlichen Wahrnehmung in Kontakt kommen will, von primärer Bedeutung ist.

Diese klaffende Lücke wird erst bemerkt, wenn sie bewußt gesucht wird, und dann reißt sie eine bodenlose Spalte in die Standard-Forschungsmethoden, die traditionellerweise in der Parapsychologie und deren Vorgängerin, der psychischen Forschung, benutzt wurden.

Im Laufe der Jahre habe ich verschiedene führende Parapsychologen auf dieses Versäumnis angesprochen. In der Regel betrachteten sie es nicht als Versäumnis, sondern als Formsache. Die Form sieht etwa so aus: Der Proband ist normalerweise kein ausgebildeter Wissenschaftler und somit kein glaubwürdiger Zeuge *seiner eigenen* inneren Vorgänge. Nur ausgebildete Forscher, die von dem zu untersuchenden Objekt gelöst sind, können glaubwürdige Zeugen sein, selbst wenn sie dazu gezwungen sind, die ASW-Phänomene anhand ihrer losgelösten Beobachtungen aus zweiter Hand zu betrachten.

Ein anderer Grund, der hinter dem Vorhang lauert, ist der, daß das, was einige Probanden über ihre ASW-Erfahrungen aus ihrer Sicht freiwillig kundzutun versuchen, sich oft radikal von den Erwartungen der Forscher unterscheidet. Dann sind die Etiketten in Gefahr, und die ganze Hypothese, auf die die Parapsychologie sich stützt, beginnt zu wanken.

Einige Parapsychologen werden diesen Kommentar auf antagonistische Art und Weise interpretieren und darauf bestehen, daß sie *natürlich* Interesse an den inneren Vorgängen ihrer Probanden hätten. Bis zu einem gewissen Grad stimmt das. Ich selbst bin schon gefragt worden, was ich während eines vorgegebenen Experiments erfahre. Nur vier Parapsychologen waren aufrichtig interessiert, während viele andere nur aus reiner Höflichkeit zuzuhören schienen. Größtenteils herrschte diesbezüglich Desinteresse. Ich bin während meiner Laufbahn sehr hartnäckig gewesen, was die Eigenerfahrung des Probanden anbetraf. Einmal, als ich mich für eine Reise fertig machte, um für J. B. Rhine als Proband zu fungieren, rief mich ein Freund an und erzählte mir folgendes: Bei den Anweisungen für das Personal vor dem Experiment hatte Rhine hervorgehoben, daß sie, wenn sie schon meinen Vorstellungen zuhören mußten, damit ich überhaupt als Versuchsperson kam, doch Interesse vorgeben sollten, daß meine Vorstellungen aber ansonsten nicht weiter anhörungswürdig seien.

Es bleibt die Tatsache bestehen, daß offizielle Versuchsberichte keine Kategorie mit dem Titel enthalten: »Welche Angaben macht der Proband zu seinen Erfahrungen während des ASW-Experiments?« Diese Kategorie sollte in jedem Bericht über ein ASW-Experiment enthalten sein, in dem ein Mensch als Testobjekt fungiert.

Berichte über das, was der Experimentator beobachten oder folgern kann (der Rahmen des Experimentators), geben nun wirklich nur die Hälfte des Experiments wieder. Die Vorgänge im Kopf des Probanden (der Raum des Probanden) stellen die andere Hälfte dar. Und selbst nach hundert Jahren ist der Proband *nur* dazu da, sich Instrumenten und Forschungsideen unterzuordnen. Es ist so, als würde man im Hinterhof einen offensichtlich belebten Klumpen finden, diesen mit einem Stock stoßen und dann zunächst nachsehen, was mit dem Stock passiert ist. Wo der Klumpen doch möglicherweise eine zur Erde vorgestoßene außerirdische Intelligenz sein kann. Aber der Mensch handelt zunächst einmal nach dem Motto: »Bloß nicht in Kommunikation treten!« »Bloß nicht fragen, ob der Klumpen vielleicht sprechen kann und etwas mitzuteilen hat!« Nein, der Klumpen kann nur damit rechnen, mit einem Stock gestoßen zu werden, mehr oder weniger nach dem menschlichen Standardmotto, immer dann, wenn man etwas Merkwürdiges findet, zuerst zu schießen und dann zu sezieren.

Um ein Beispiel für die Einseitigkeit der Versuchsberichte zu geben, möchte ich hier die Veröffentlichung eines kurzen Informationsberichts über acht aufeinanderfolgende Experimente erwähnen, an denen ich in den Jahren 1971 und 1972 teilgenommen hatte. Der Bericht wurde von Dr. Osis verfaßt und behandelte Experimente, die nach dem eben erwähnten Motto durchgeführt worden waren. Man hinderte Osis und Mitchell daran, einen offiziellen Bericht in der Zeitschrift der Gesellschaft zu veröffentlichen, da das

Veröffentlichungskomitee nie zuvor von einem solch erfolgreichen Verlauf gehört hatte und fürchtete, daß eine offizielle Veröffentlichung der Ergebnisse zu unnötigen Attacken der Gesellschaft seitens der Skeptiker führen würde.

Empört über diese Entscheidung entschloß sich Osis, seinen Bericht im *ASPR Newsletter* Nr. 14, Sommer 1972, zu veröffentlichen.

Osis gibt die Ergebnisse des blinden Erfassens der acht Versuchsmaterialsets (die danach noch fünfmal erfaßt wurden) als statistisch relevant an (da »die Wahrscheinlichkeit, von 8 Sets auch 8 wirklich zu erfassen, bei ungefähr 1:40.000 liegt«). Er spricht dann über die während der Experimente gewonnenen Eindrücke, ob außerkörperliches »Sehen« den Gesetzen der Optik folgt oder nicht. Dann geht er zur Physiologie über: »Was passiert mit Ingo Swanns Körper zu dem Zeitpunkt, an dem er fühlt, daß sein geistiges Selbst an einem anderen Ort ist?«, und er beschreibt, wie es laut Beobachtung während des Versuchs um meine Gehirnströme bestellt war.

An keiner Stelle in dem Bericht erwähnt er die Tatsache, daß der Wechsel vom Verbalisieren zum Erstellen von Zeichnungen der Schlüssel für den Erhalt der acht signifikanten Ergebnisse war. Und an keiner Stelle in diesem Bericht wird erwähnt, was im Erfahrungszentrum des Probanden vor sich ging, während diese bemerkenswerten Resultate erzielt wurden. Alles in allem, von seiner Kürze und dem Erscheinen im *Newsletter* abgesehen, ist es ein Standardbericht.

Die Trennung des Beobachtungsraums des Forschers vom aktiven Psi-Erfahrungsraum der Versuchsperson führt nur zu hochgradig gekünstelten Verfahren. Der gesunde Menschenverstand sagt uns, daß zwischen dem Erfahrungsraum des Probanden und dem des Forschers ein enger und vertrauter Austausch stattfinden sollte, wenn der Psi-Erfahrungsraum des Probanden den Schlüssel zu einem tieferen Verhältnis der außersinnlichen Vorgänge in sich birgt.

Ich habe den Psi-Erfahrungsraum der Person als »außersinnliches Du« oder, wenn Sie so wollen, als »außersinnliches Ich« bezeichnet. Nur indem man sich des *außersinnlichen Du* bewußt wird, können die *Vorgänge* lokalisiert werden, die in dem in der geistigen Verschalung tief vergrabenen ASW-Kern vor sich gehen. Wenn Sie lernen wollen, die Fähigkeit, Ihre Wahrnehmung nach außen zu verlagern, zu steuern, muß nicht nur auf das Zielobjekt, sondern auch auf die Art geachtet werden, in der die internen Mechanismen arbeiten.

Der Rest dieses Buches wird Ihnen als Hilfestellung dienen, wenn Sie die Absicht haben, Ihre eigenen einfachen ASW-Experimente durchzuführen. Aber es sei nochmals auf das Konzept des *außersinnlichen Du* hingewiesen, das von so primärer Bedeutung ist und als wesentlicher Aspekt bei der neuen Sehweise der ASW-Fähigkeiten im allgemeinen anerkannt werden muß.

6. Der PSI-Nukleus, das tiefere Selbst und der ASW-Kern

Das Geheimnis der Kräfte des Hellsehers mag darin liegen, daß er in der Lage ist, das Bewußtsein und das geheime Selbst für einen Moment zusammenfließen oder zusammen wirken zu lassen.[1]

Die zweite Wirklichkeit

Auf dem Weg zu einem besseren Verständnis der außersinnlichen Wahrnehmung muß der einzelne oder die Parapsychologie überhaupt sich davor hüten, den größten Fehler zu machen, der hier möglich ist, nämlich zu versuchen, die ASW in die Wirklichkeit eingliedern zu wollen, die wir für die einzige halten. Wir sind es gewohnt, die physischen Realitäten mit unserem Bewußtsein in Augenschein zu nehmen. Was wir mit unseren physischen Sinnen aufnehmen und was wir bewußt denken, ist für uns die eine und einzige Wirklichkeit geworden.

Den anderen Teilen unseres Geistes – dem Unbewußten oder Überbewußten – wird in der Regel *keine* eigene Realität zugedacht. Wir stellen uns in dieser Hinsicht so etwas wie ein subjektives Arrangement in Abhängigkeit zu der von uns bewußt wahrgenommenen Realität vor. Diese an Etiketten erinnernde Vorstellung muß ganz schnell abgelegt werden. Dabei helfen uns drei Feststellungen.

Erstens ist diese Vorstellung nur den westlich orientierten Wissenschaften und deren Vorstellung von Erkenntnis eigen. Zweitens gibt es kaum eine andere Kultur, die dieses polarisierte Konzept unterhält oder auch nur annähernd zäh

1 Leo Talamonti: *Forbidden Universe;* Stein and Day, New York, 1975, Seite 44

daran festhalten würde. Drittens haben zwei Disziplinen der westlichen Wissenschaften – die Quantenphysik und die Psychologie – einen Stand erreicht, an dem die Beweise für die Existenz einer anderen Wirklichkeit nicht mehr widerlegt werden können.

Die siebziger und achtziger Jahre haben mehrere Bücher in Druck gehen sehen, die an unseren kulturbedingten Anschauungen rütteln, postulieren sie doch die Existenz dieser zweiten Wirklichkeit. Diese Bücher wie auch viele wissenschaftliche Aufsätze wurden nun nicht von irgendwelchen Spinnern geschrieben, die auch mal zu Wort kommen wollten und mit ernsthafter Wissenschaft nichts im Sinne haben, sondern von hochqualifizierten Wissenschaftlern, die in ihren jeweiligen Fachgebieten mehr als Experten sind.

Vor ungefähr fünfzig Jahren wurde es für die Physiker, die die Quantenfaser des Universums untersuchten, offensichtlich, daß das uns bekannte physische Universum noch von einem anderen begleitet wird. Dieses zweite Universum hat bestimmte Besonderheiten: Zuerst einmal ist es *nicht materiell;* nein, alle materiellen Dinge scheinen aus ihm abgeleitet zu sein. Weiterhin hat dieses zweite Universum Eigenschaften, die unseren üblichen Vorstellungen von Raum und Zeit völlig konträr gegenüberstehen. Einstein war einer der ersten, der über dieses Potential spekulierte, aber in den zwanziger Jahren entwickelte Werner von Heisenberg sein »Unbestimmtheitsprinzip (Heisenbergsche Unschärfebeziehung), welches besagt, daß die Gesetze der Physik als relative Wahrscheinlichkeiten anstatt als absolute Gewißheiten betrachtet werden sollten. Heisenberg entwickelte 1926 eine Form der Quantentheorie, die als Matrixmechanik bekannt ist. Schnell wurde offenbar, daß es sich dabei um das genaue Äquivalent der »Wellenmechanik« eines anderen namhaften Physikers, Erwin Schrödinger, handelte.

Diese frühe Arbeit öffnete die Tür zu dem anderen, unsichtbaren und immateriellen Universum; Matrixmechanik und Wellenmechanismen haben die tiefergehenden Untersuchungen der Faser dieses größtenteils unerforschten kosmischen Ganzen angeregt und weitergetrieben. Im Laufe der letzten zehn Jahre erschienen viele Bücher, die dem Laien einige der fundamentalen Grundsätze nahebringen. Zu diesen Arbeiten zählen David Bohms *Die implizite Ordnung;* J. L. Mackies *The Cement of the Universe;* Paul Davies ironisch betiteltes Buch *The Accidental Universe,* in dem er die erstaunliche Präzisionsarbeit des anderen Universums bewundert, N. Katherine Hayles' *The Cosmic Web,* eine Übersicht über die für dieses neue Universum relevanten wissenschaftlichen Feldmodelle. Fritjof Capras *Das Tao der Physik – Die Konvergenz von westlicher Wissenschaft und östlicher Weisheit* ist eine Auseinandersetzung mit diesem neuen Universum wie auch Rupert Sheldrakes Bestseller *Das schöpferische Universum.*

Alle diese Bücher versuchen aufzuzeigen, daß das materielle Universum, wie wir es in allen seinen Abteilungen kennen, in sich selbst durch eine Art fundamentale und unsichtbare Harmonie mit höchster Präzision zusammengehalten wird. Diese Harmonie hat die verschiedensten Namen: implizite Ordnung, universeller Klebstoff oder Kitt, Wellen- oder Feldmodelle, kosmisches Netz, Gewebe und so fort. Aber alle Namen beziehen sich auf das unsichtbare und gigantische Sub- oder zweite Universum, das alle Dinge – ob groß oder klein – zu einem »kosmischen« Ganzen vereint.

Es sollte erwähnt werden, daß die Parapsychologen (besonders in den Vereinigten Staaten) und deren Sponsoren sich ungewöhnlich schwer taten, diese neue Welle von Verständnis in ihre Arbeit zu integrieren. Da werden signifikante Fundamente offengelegt, und man hat nichts Besseres zu tun als den Großteil seiner Bemühungen dafür zu verschwenden, die ASW auf jeden Fall auch weiterhin noch in den alten Realitätsrahmen zu zwingen. Das physische Gehirn wird kontinuierlich mit Sonden geprüft, und man nimmt an, daß der Elektromagnetismus als Träger der ASW-»Signale« fungiert, während derweil neue Wellenforschungen der Physik eigentlich schon die Tatsache etabliert haben, daß es eine zweite Wirklichkeit gibt, die *völlig unab-*

hängig von elektromagnetischen Dispositionen des Gehirns besteht. Und wirklich, die alte Realität verblaßt, sobald die Grundelemente der neuen, zweiten Wirklichkeit erkannt werden.

Zunächst einmal hat es den Anschein, als wären die Elemente dieser zweiten Wirklichkeit schwer zu verstehen. Aber das ist ganz und gar nicht der Fall. Die zweite Wirklichkeit ist intuitiv zugänglich. Schwierigkeiten gibt es nur bei dem Versuch, sie in den alten Rahmen einzupassen.

Was die außersinnliche Wahrnehmung anbetrifft, kam es infolge der ausgereiften Arbeit über Telepathie des russischen Forschers L. L. Vasiliev, Professor der Physiologie an der Universität Leningrad, in den zwanziger Jahren bei den standardisierten Herangehensweisen an ASW und deren Tests zu den ersten Einbrüchen.

Vasilievs schöpferische und für andere anregende Arbeit wurde 1962 von der Leningrader Staatsuniversität veröffentlicht; der Westen erhielt 1976 die englische Version.[2] Vasilievs erste Hypothese lautete, daß offenzulegen sei, inwieweit Telepathie mit Elektromagnetismus korrespondierte, von dem man zu dem Zeitpunkt dachte, daß dieser der Träger telepathischer Signale oder Informationen von dem Gehirn-Geist[3] eines »Senders« zum Gehirn-Geist eines »Em-

---

2 L. L. Vasiliev: *Experiments in Distant Influence,* E. P. Dutton & Co., New York, 1976

3 Die Gehirn-Geist-Forschung weist derzeit die Tendenz auf, die Vorstellung zu hinterfragen, daß Geist und Gehirn dasselbe sind. Vasiliev gehörte zusammen mit Penfield aus den USA zu den ersten, die darauf hinwiesen, daß der Geist möglicherweise nicht im Gehirn wohne, sondern Teile des Geistes durchaus außerhalb des physischen Körpers wohnen könnten. Zumindestens aber sind Gehirn und Geist keine Synonyme mehr, sondern haben sich voneinander getrennt. Was nun die Telepathie anbetrifft, wird jetzt die Ansicht vertreten, daß die Gehirne selbst nicht telepathisch sind, sondern als Informationsverarbeitungszentrale fungieren, die vom telepathischen Geist aufgesucht wird, so daß das Subjekt (der Empfänger) das Empfangene in Sprache oder Zeichnung übertragen kann. In diesem neuen Kontext sind wir gezwungen, den neuen Begriff »Gehirn-Geist-System« zu verwenden. Und in der Tat, genauso lautet der Titel des vielgelesenen *Brain-Mind-Bulletin* von Marilyn Ferguson.

pfängers« sei. Sender und Rezipient wurden in unterschiedlichen Kammern isoliert. Die Entfernung betrug mitunter ganze zwölfhundert Meilen. Laut Vasiliev bestand der Zweck der Telepathiestudie in der Bestimmung ihrer physikalischen Basis, soweit dies möglich war. Welche Wellenlängen der elektromagnetischen Strahlung erstellten ein »geistiges Radio«, die Übertragung von Informationen von einem Gehirn zu einem anderen?

Vasiliev konnte schlußendlich demonstrieren, daß der Vorgang der Telepathie durch keinerlei elektromagnetische Abschirmung aufzuhalten war. »Die Analogie zwischen dem telepathischen Sender und einem Rundfunkübertrager elektromagnetischer Wellen, und die Gleichsetzung von Perzipient und Radiohörer sind nicht richtig ...« Vasiliev sprach auch von Fällen, in denen der »Empfang« vor der Übertragung stattgefunden hatte. Es gab keinen bekannten Apparat und kein bekanntes Konzept für den Empfang von Mitteilungen seitens des telepathischen Empfängers, bevor die Informationen überhaupt übertragen wurden.

Sodann spekulierte er darüber, daß der Sender vielleicht mehr als eine Stimmgabel sein könnte, durch die die Gedanken des Empfängers eingestimmt werden, was nicht das Resultat psychischer Vorgänge per se, sondern eher zugrunde liegenden energetischen Prozessen zuzuschreiben sei. Er schlußfolgerte, daß der Versuch, Telepathie den Vorstellungen vom Elektromagnetismus unterzuordnen, die Sache nur noch problematischer machen würde.[4]

Zwischen 1930 und 1970, während die amerikanischen Parapsychologen die ASW nach wie vor mit Karten und Würfeln testeten und versuchten, ein psychomagnetisches Bindeglied im Gehirn zur Erklärung der ASW auszumachen, gaben die Russen viel von der Standard-Parapsychologie auf und schufen unter der Bezeichnung »Psychoenergetik« eine vollständig neue Disziplin, die auf einer heißen Spur der energetischen Prozesse ist, die den psychischen Vorgängen selbst zugrunde liegen.

4   ebenda, Seite 178

Aber wie weit die Russen mit ihrer neuen Disziplin auch fortgeschritten waren – im Westen wurde der Bereich der Psychoenergetik erst erhellt, als ein neues Buch 1982 in die englische Sprache übersetzt wurde. Autoren waren die inzwischen berühmten Geomagnetbiologen A. P. Dubrov und V. N. Pushkin.[5]

Das Buch zeigt, daß die heutige Vorstellung der Russen über ASW und Psi sich sehr von den vorherrschenden alten Vorstellungen unterscheidet, an denen im Westen noch viel zu sehr festgehalten wird.

Nach unserer Vorstellung des Universums – über Jahrhunderte von Wissenschaftlern erarbeitet und deshalb als ganz selbstverständlich hingenommen – existieren die einzelnen Objekte völlig unabhängig voneinander. Sie verbinden sich nur dann mit anderen Objekten, wenn sie in eine mechanische oder eine Feldinteraktion treten. Desgleichen glauben wir, daß die Gehirne von Menschen und Tieren völlig getrennt und unabängig voneinander existieren. Wir glauben, daß alle Tiere, einschließlich der Menschen, nur anhand der Kommunikation mit Hilfe der Sinnesorgane interagieren können: durch Geräusche, geschriebene Nachrichten, besondere Signale und so weiter.

In den letzten Jahren wurde diese Vorstellung von der Natur von den Subatomphysikern unterlaufen ... Nach dieser neuen Entwicklung in der Physik haben elementare Teilchen sowohl die Charakteristika von korpuskularen Körpern als auch von Wellen. Das heißt, daß ein Teilchen mit Welleneigenschaften nicht an einen bestimmten, strikt festgelegten Ort gebunden ist; in seiner Eigenschaft als Welle kann es gleichzeitig im gesamten Universum oder an verschiedenen Stellen anwesend sein.

Es liegt auf der Hand, daß diese nicht ortsorientierte Physik unser bestehendes Konzept, daß das Universum aus

5 A. P. Dubrov und V. N. Pushkin: *Parapsychology and Contemporary Science;* Consultants Bureau, New York und London, 1982

voneinander getrennten Objekten bestehe, die spezifische Orte im Raum besetzen und nur unter bestimmten Bedingungen interagieren, zerstört.[6]

In Erweiterung ihrer Hypothese erklären Dubrov und Pushkin:

Da – gemäß diesen Nicht-Lokalisations-Grundsätzen – jedes Element des Universums an jedem Punkt des Raums anwesend ist (wenn auch nicht in einer direkt beobachtbaren Form), besteht die Arbeit des Hellsehers lediglich darin, die Wellenstruktur eines entfernten Objekts auszumachen, welches an jedem bestimmten Punkt im Raum latent anwesend ist.[7]

Lassen Sie sich jetzt nicht von dem Begriff »Wellenstruktur« verunsichern. Gemeint ist, daß auf der dem physischen Universum zugrundeliegenden energetischen Ebene alle Informationen jederzeit an allen Orten gleichzeitig verfügbar sind. Nun, *jetzt* haben Sie Grund, verwirrt zu sein, wenn Sie wollen, aber Sie sind in guter Gesellschaft. Während fortgeschrittene Naturwissenschaftler meinen, sie könnten diese »Verflochtenheit« mit Sicherheit beobachten, können sie sie dennoch nicht erklären.

Aber wir brauchen uns nicht den Kopf über etwas zu zerbrechen, wofür selbst die Götter der Physik keine Erklärung haben. Wir stellen fest, daß das, was wir ASW und Psi nennen, aufgrund dieses Prinzips der miteinander verflochtenen Informationen funktionieren *kann und funktioniert,* vorausgesetzt – laut Dubrov und Pushkin – die Person konzentriert sich auf die zwischen ihr selbst und dem gewünschten Ziel verfügbare Information.

Nun stellt dieses neu entdeckte Universum der gleichzeitig überall vorhandenen Informationen – »Wellen« oder »Energetik« genannt – einen Teil dessen dar, was wir als

6 ebenda, Seite 40

7 ebenda, Seite 41

zweite Wirklichkeit bezeichnen können. Schon mit diesem minimalen Verständnis können wir begreifen, warum *diese* Wirklichkeit die erste Wirklichkeit ist, während die physisch-bewußte Wirklichkeit, in der wir die ganze Zeit leben, vielleicht die eingegrenztere, zweite ist.

Vom Standpunkt eines Sensitiven aus gesehen ist es höchst interessant herauszufinden, wie das Bewußtsein in die Lage versetzt wird, sich auf diese unermeßliche zweite Wirklichkeit und deren miteinander verflochtene Informationen einzustimmen. Welches sind die zentralen Prozesse?

Wir wollen uns kurz mit ihnen beschäftigen. Zunächst aber noch etwas: Wenn das Obige alles stimmt (und es stimmt), dann muß offenbar ein neues Konzept des Bewußtseins entwickelt werden. Unsere Bewußtheit des physischen Universums und unsere durch Denken angeeignete Erfahrung davon sind nicht die einzige Form des »Bewußtseins«, die wir besitzen. Wir müssen auch ein zweites Bewußtsein haben, das in die zweite Wirklichkeit und die physische integriert ist.

In seinem erfreulichen Buch *Das schöpferische Universum* riskiert Rupert Sheldrake eine Beschreibung dieses Bewußtseins:

Entgegen der Philosophie des Materialismus hat das bewußte Selbst eine Realität, die sich nicht nur aus der Materie ableitet ... Nach dem »gesunden Menschenverstand« *wirken* bewußtes Selbst und Körper *zusammen* ... Man kann sich das bewußte Selbst nicht in Interaktion mit einer Maschine, sondern nur mit motorischen Feldern vorstellen. Diese wiederum sind verbunden mit dem Körper und abhängig von seinen physikochemischen Zuständen. Das Selbst jedoch ist weder mit den motorischen Feldern identisch, noch findet seine Erfahrung in den Veränderungen, die im Zentralnervensystem durch energetische und formbildende Ursachen ablaufen, eine Entsprechung. Es findet Zugang zu den motorischen Feldern, bleibt ihnen aber übergeordnet ... Wenn das bewußte Selbst über Materie, Energie, morphogenetische und motorische Felder hinausgehende Eigenschaften besitzt, müssen bewußte Erinnerungen – zum Beispiel an bestimmte vergangene Ereignisse – nicht unbedingt materiell im Gehirn gespeichert *oder* von morphischer Resonanz[8] abhängig sein. Eine Erinnerung könnte sich auch direkt von vergangenen Bewußtseinszuständen herleiten, unabhängig von Zeit und Raum, einfach durch die Ähnlichkeit mit einem momentanen Bewußtseinszustand … Wenn man dem bewußten Selbst Eigenschaften zugesteht, die man in keinem rein physikalischen System findet, so könnten einige dieser Eigenschaften für parapsychologische Phänomene verantwortlich sein, die durch die Theorie energetischer oder formbildender Verursachung unerklärbar bleiben.[9]

Sie werden bemerkt haben, daß Sheldrake vom »bewußten Selbst« und nicht von »Bewußtsein« spricht, das sich normalerweise nur auf das bezieht, was uns im Wachzustand bewußt ist. Sheldrakes bewußtes Selbst trug in der Vergangenheit andere Namen. Die traditionellste Bezeichnung war Seele, ohne damit auf theologische Begriffsinhalte anzuspielen. Andere Namen waren Überseele, transzendentes Ego, Überselbst, sublimes Ego, göttliches Selbst, wahres, wirkliches Selbst, integrale unterbewußte Persönlichkeit, Traumselbst, kosmisches Bewußtsein, und im Zitat zu Beginn dieses Kapitels sahen wir, daß Leo Talamonti, der bekannte italienische Parapsychologe und Populärwissenschaftler, vom geheimen Selbst spricht.

Benutzen Sie ruhig die von ihnen bevorzugte Bezeichnung. Ich habe mich meinerseits für den Ausdruck »tieferes Selbst« entschieden, weil er mit den grundlegenden Vorgängen im ASW-Kern korrespondiert, die ihrerseits unterhalb des normalen Wachbewußtseins liegen.

8 »morphisch« bezieht sich auf Form und Struktur von Tieren und Pflanzen, während »formativ« sich auf die Ergebnisse dieser Formen und Strukturen bezieht.
9 Rupert Sheldrake: *Das schöpferische Universum;* Meyster Verlag, München, 1983, Seite 196 f.

Die Fähigkeiten dieses tieferen Selbst sind ganz erstaunlich. Wir können uns, denke ich, inzwischen vorstellen, wie das tiefere Selbst an dem Universum der miteinander verflochtenen Informationen, also an der zweiten Wirklichkeit teilnimmt. Das tiefere Selbst hat seine eigenen Wirklichkeiten – von denen wir annehmen können, daß sie der zweiten Wirklichkeit entsprechend arbeiten. Das Wachbewußtsein muß durch Konzentration und Übung zu ihm erweckt werden. Solche Konzentrationsübungen sind in unserer Kultur nicht selbstverständlich, aber um die Realitäten des tieferen Selbst und die zweite Wirklichkeit in das Durchschnittsbewußtsein einzubeziehen, bedarf es besonderen Trainings.

Das tiefere Selbst steht mit allem anderen in Kontakt, auch wenn dies dem normalen Bewußtsein nicht bekannt ist. Folglich taucht es spontan im Bewußtsein auf, und auch dann nur in Bruchstücken. Ein Beispiel ist die telepathische Verbindung zwischen sich liebenden Menschen: ein Gefühl von Panik, wenn ein Verwandter in Gefahr ist. Als Napoleon auf der Insel Elba zum ersten Mal im Exil war, begann er plötzlich während eines Gesprächs mit einem seiner Generale zu weinen, obwohl weder er selbst noch andere den Grund dafür sahen. Es stellte sich dann heraus, daß Josephine, seine erste Frau und Liebe, genau zu diesem Zeitpunkt in ihrem Haus außerhalb von Paris starb.

Ein uns bekannter Kontakt mit dem tieferen Selbst und seinen Fähigkeiten sind die Träume. Träume geben oft die Lösung für Probleme, geben uns flüchtige Einblicke in die Zukunft, sagen Ereignisse voraus, verbinden uns mit Geliebten und warnen uns vor Krankheiten im Körper, bevor die ersten Symptome auftauchen.

Träume haben auch andere Wirkungen, die wir nicht sofort verstehen, die aber die Verbindung zwischen einzelnen Menschen zeigen. Es wurde oft von kollektiven Träumen berichtet, wo zwei, normalerweise durch ein besonderes Band der Zuneigung verbundene Menschen gleichzeitig denselben Traum hatten. Selbst wenn der Inhalt der Träume nicht real ist, widerlegt dieses gemeinsame Träumen die Ansicht, daß menschliche Wesen nur durch gesprochene oder geschriebene Sprache miteinander verkehren können. Auf individueller Ebene belegen diese Träume auch die Auffassung, daß die Informationsverbindung zwischen zwei Menschen, zwischen Mensch und Tier oder zwischen Menschen und einem Gegenstand innerhalb der zweiten Wirklichkeit sehr präzise sein kann.

Aber wir brauchen uns nicht bei Traumzuständen aufzuhalten, um diese Verbindung zu demonstrieren. Wir können in diesem Zusammenhang auch die festverdrahtete ASW wieder aufgreifen, um unseren bewußten Erfahrungsbereich langsam damit vertraut zu machen. Nach einer Weile werden wir uns an die Umgebung dieser zweiten Wirklichkeit gewöhnt haben, und viele von Ihnen werden beginnen, ihren naturgegebenen ASW-Kern zu erweitern und mehr als nur Versuche mit festverdrahteter ASW anzustellen.

Wenn wir die zweite Wirklichkeit und das daran angeschlossene tiefere Selbst als existent anerkennen – und das sollten wir –, dann müssen wir uns hinsichtlich der paranormalen Wahrnehmung die Frage stellen, welche Elemente des Geistes *zwischen* dem tieferen Selbst und dem Wachbewußtsein das Auftauchen der Informationen der zweiten Wirklichkeit im Bewußtsein verhindern.

Es gibt gute Gründe, davon auszugehen, daß es so etwas wie einen Psi-Nukleus gibt, der über ungeahnte Fähigkeiten und ein enormes Fassungsvermögen verfügt und irgendwo in den Tiefen des gesamten Selbst versteckt liegt. Durch die fortgeschrittenen Theorien der Quantenphysik ist bewiesen, daß die Regeln und Vorgänge dieses verborgenen psychischen Nukleus ganz anders beschaffen sind als die des Bewußtseins oder bewußten Geistes und nicht in die für ihn charakteristischen normalen rationalen Kategorien eingeordnet werden können. Wie ein berühmter belgischer Poet und Dramatiker, Maurice Maeterlinck, es in seiner Arbeit *L'Hote Inconnu* (Der Unbekannte Gast) sagte: »Er kümmert sich nicht um Zeit und Raum, diese mächtigen, aber dennoch illusorischen Wände, die unsere Räson daran hindern auszuschweifen; er kennt keinen Unterschied zwischen Nah und Fern, Gegenwart und Zukunft, noch ist er durch den Widerstand der Materie beeinträchtigt.«

Ohne die bestehenden Barrieren würde unser Alltagsbewußtsein wohl von Informationen überschwemmt werden, die aus der zweiten Wirklichkeit mit ihren miteinander verflochtenen Informationen in das tiefere Selbst strömten. Wo aber in diesem geistigen Apparat befinden sich diese Barrieren? Viele Schriftsteller, wie zum Beispiel Leo Talamonti, nahmen an, daß das Bewußtsein diese Barrieren wie ein Freudscher Zensor selbst aufbaue, um die eigenen Funktionen vor der massenhaften Invasion aus der außersinnlichen Welt der zweiten Wirklichkeit zu schützen.

Dies mag tatsächlich der Fall sein, zumindestens zum Teil. Es ist uns nichts Neues, daß das Bewußtsein Barrieren errichtet. Wir wissen, daß das Bewußtsein fast alles, was nicht in seine Vorstellungen vom »idealen Selbst« paßt, zurückweist. Dieses Phänomen gab Anlaß für das Konzept des »Ego«. Selbst wenn man bestrebt ist, »aufgeschlossen« zu sein, ist man dazu mitunter unfähig, insbesondere in Anbetracht von Informationen, die den bewußt akzeptierten Realitäten zu sehr widersprechen. Außerdem wird jeder bereits in der Kindheit durch kulturelle Einflüsse und Wertvorstellungen geprägt. Sie gehen dann entweder auf natürlichem Wege im Unterbewußtsein unter oder gelangen durch Unterdrückung dorthin. Von dort aus aber walten sie weiter, ob man sich nun dessen bewußt ist oder nicht.

Was die ASW anbetrifft, ist das Problem wahrscheinlich nicht ganz so einfach. Der Mensch scheint also irgendwie zwischen seinem Bewußtsein und dem überwältigenden Zufluß an Informationen aus der zweiten Wirklichkeit über natürliche Barrieren zu verfügen. Ansonsten würde sein Bewußtsein überflutet, so als würde man tausend Radio- und Fernsehsendern gleichzeitig zuhören. Wir können uns gar nicht vorstellen, wie wir ohne diese natürlichen Barrieren funktionieren könnten.

Weiterhin haben wir guten Grund für die Annahme, daß diese natürlichen Barrieren nicht unwiderruflich fest sind. Informationen, die für eine Person von bestimmter Bedeutung sind, kommen nämlich oft durch. Wir kennen tausende solcher durch Unterlagen belegte Fälle. 1517 »sah« Papst Pius V in Rom die Niederlage der türkischen Flotte in Lepanto und gab Anweisungen, das *Te Deum* zu singen, bevor er die Nachricht von dem Sieg offiziell erhalten hatte. Es ist bezeugt (von Kant), daß Emanuel Swdenborg sich des gigantischen Feuers, das Stockholm Hunderte von Meilen entfernt zerstörte, bewußt war. Solch außersinnliche Eingebungen finden wir besonders häufig bei sensitiven Müttern. Am Weihnachtsabend des Jahres 1955 ließ eine Hausfrau in Salerno plötzlich alles liegen und stehen, mietete sich einen Wagen und fuhr nach Teggiano in derselben Provinz. Dort fand sie ihren tot im Straßengraben liegenden Sohn, der einen Motorradunfall gehabt hatte. Sie hatte »gesehen«, wie ihr Sohn nach Hilfe rief und ihr vermittelte, wo sie seinen Körper finden konnte.

Oft beeinflussen solche außersinnlichen Eingebungen das Biosystem einer Person, auch wenn das Bewußtsein nicht die exakte Information erhält. Man hat komische »Gefühle«, die sich nicht erklären lassen, und im nachhinein stellt sich heraus, daß eine geliebte Person in Gefahr war oder im Sterben lag.

Der Großteil der uns bekannten ASW-Fälle findet in Zusammenhang mit geliebten Personen statt. Daraus wird ersichtlich, daß die Barrieren zwischen der zweiten Wirklichkeit und dem Bewußtsein Informationen, die für eine Person wichtig sind, durchlassen. Bei näherer Betrachtung kommt man zu dem Schluß, daß es sich hier um ganz bemerkenswerte Funktionen handelt, Funktionen, die wir durch das tiefere Selbst alle besitzen und deren Beschaffenheit dem Bewußtsein nicht bekannt ist.

Wir können noch mehr beobachten: Wenn das Wachbewußtsein *wirklich* versucht, sich auf den Inhalt außersinnlicher Eingebungen zu konzentrieren, neigt es dazu, die einfließenden Informationen durch die Prozesse zu filtern, die es normalerweise anwendet, um Informationen bewußt in Verständniskategorien einzuteilen. Das Bewußtsein versucht, die Informationen in das bereits Bekannte einzupassen. Auf diese Art und Weise werden die einfließenden Informationen oft verzerrt und fehlinterpretiert oder nur teilweise aufgenommen.

Eine wirklich Psi-begabte Person ist deshalb begabt, weil sie es in hohem Maße gelernt hat, den Vorgang der bewußten Zensur intuitiv so zu reduzieren, daß die einfließenden paranormalen Informationen deutlicher wahrgenommen werden können, ohne durch die Einschaltung bewußter Prozesse fehlinterpretiert oder verzerrt zu werden.

Bei durchsetzungsfähigen spontanen ASW-Informationen geschieht dies auf ganz natürliche Weise. Die Konzentration bewegt sich ganz selbstverständlich vom Wachbewußtsein zum Bewußtsein des tieferen Selbst und zurück, meist *ohne* freiwillige Reduzierung des Bewußtseins. Für die notwendigen Momente nimmt das tiefere Selbst einen größeren Raum als das Bewußtsein ein, und die außersinnliche Erfahrung findet mit erstaunlicher Klarheit statt. In solchen Fällen ist es praktisch unmöglich zu sagen, das tiefere Selbst sei unbewußt, denn während des ASW-Erlebnisses ist es alles andere als das.

Die beiden üblichen Begriffe – Bewußtsein und Unterbewußtsein – reichen also für eine Untersuchung der Komponenten des psychischen Nukleus nicht aus. Es ist unmöglich, die vielen verschiedenen Bestandteile einer ASW-Erfahrung mit diesen Begriffen abzudecken. Daher empfiehlt es sich, die verschiedenen ASW-Aspekte in mehrere offensichtlich vorhandene Bestandteile aufzuteilen.

Zu diesem Zweck veranschaulichen wir uns das gesamte System am besten durch eine graphische Darstellung.

Wenn wir die Abbildung auf Seite 85 von unten nach oben verfolgen, sehen wir, daß die aus der zweiten Wirklichkeit stammenden paranormalen Informationen verschiedene Ebenen durchlaufen müssen, bevor sie das unmittelbare frontale Bewußtsein erreichen.

Das frontale Bewußtsein ist unser Alltagsbewußtsein. Es wird ausschließlich von unseren Sinnen beherrscht und befaßt sich mit dem, worauf unsere Sinne gerade gerichtet sind. Wenn wir uns auf Ereignisse der Vergangenheit konzentrieren – auf Erfahrungen oder Werte –, können wir vorübergehend das physische Universum um uns herum aus den Augen verlieren. Technisch gesehen ist es uns dann gerade nicht bewußt. Wenn wir uns zu sehr auf Phantasien, Tagträume oder das Wiedererleben vergangener Erlebnisse einlassen, verlieren wir das Bewußtsein, wach zu sein.

Wenn die Psi-begabte Person sich auf Elemente oder Informationen des Psi-Nukleus konzentriert, muß sie die Bewußtseinsschwelle durchdringen, die nomalerweise die Grenze zwischen der ersten und der zweiten Wirklichkeit ausmacht. Ihr Bewußtsein richtet sich auf Informationen, die dort liegen, was wir normalerweise als Unterbewußtsein bezeichnen.

Wenn wir schlafen, kommt alles, was oberhalb der Bewußtseinsschwelle liegt, zur Ruhe. Wir wissen, daß wir dann träumen. Träume sind häufig präkognitiv und drehen sich oft um Probleme, mit denen man sich am Tage beschäftigt hat.

Wenn unverfälschte paranormale Informationen in einem der bewußten Bereiche ankommen, sind sie *bereits* geformt. Das bedeutet, daß entweder der Psi-Nukleus in der Lage ist, Informationen exakt aufzunehmen und darzulegen, oder daß mit dem Psi-Nukleus eine Reihe vorbewußter Vorgänge verbunden sind, die diese Arbeit erledigen.

Aus diesem Grund sind der Psi-Nukleus, die vorbewußten Prozesse, die Bewußtseinsschwelle und der als »vergangene, im Bewußtsein gespeicherte Erfahrungen« bezeichnete Bereich für eine Untersuchung der ASW, wie wir sie hier neu betrachten, von primärer Bedeutung. Ich habe alle diese Aspekte zusammengefaßt und in meiner Arbeit als ASW-Kern bezeichnet. Mit seinen Elementen wollen wir uns detaillierter befassen.

Was wir normalerweise als Bewußtsein bezeichnen, ist also eine Frage der Aufmerksamkeit, in deren Brennpunkt je nach unseren Interessen und Zielen andere Dinge stehen. Wenn wir bewußt versuchen, eine ASW-Erfahrung zu aktivieren, können wir den Brennpunkt unserer Aufmerksamkeit bewußt auf das tiefere Selbst und darüber hinaus

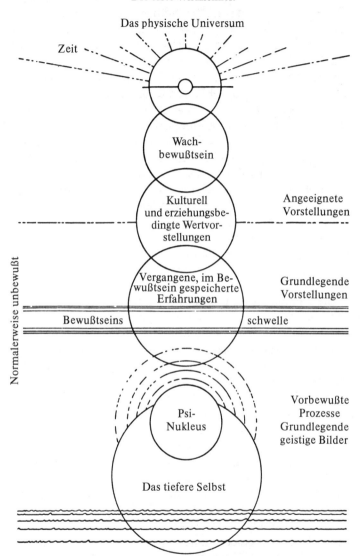

Die erste Wirklichkeit

Das physische Universum

Zeit

Wach-
bewußtsein

Kulturell
und erziehungsbe-
dingte Wertvor-
stellungen

Angeeignete
Vorstellungen

Vergangene, im Be-
wußtsein gespeicherte
Erfahrungen

Grundlegende
Vorstellungen

Bewußtseins   schwelle

Normalerweise unbewußt

Psi-
Nukleus

Vorbewußte
Prozesse
Grundlegende
geistige Bilder

Das tiefere Selbst

Die zweite Wirklichkeit
ohne Zeit und Raum – ohne Zukunft und Vergangenheit –
mit allen existierenden Informationen

auf die Elemente der zweiten Wirklichkeit richten. Entscheidet sich nun das tiefere Selbst aus uns unbekannten Gründen, wichtige Vorkommnisse über ASW zu vermitteln, ist es aus eigenem Antrieb dazu fähig. Mit viel Kraft schickt es dann eine spontane ASW-Information nach oben, wobei alle anderen Bewußtseinsbewegungen in den Hintergrund gedrängt werden können und gedrängt werden.

Menschen, die bereits sensibel für ihre eigenen paranormalen Potentiale sind, können dies leichter verstehen als diejenigen, die durch kulturell und erziehungsbedingte Barrieren gegenüber der Realität der ASW-Erfahrungen voreingenommen sind. Ich selbst habe es mehrmals miterlebt, wie hartnäckige Widersacher zu einem gut kontrollierten ASW-Test überredet werden konnten. Zu ihrem eigenen Erstaunen erzielten viele von ihnen ein perfektes Ergebnis. Wir können daraus schließen, daß jeder einen ASW-Kern besitzt und daß die ablehnende Haltung Paranormalem gegenüber durch Kultur oder Erziehung bedingt ist.

Allen Fähigkeiten liegt ein roher Kern zugrunde. Wird dieser auch nur etwas verstanden, kann er zum Fundament werden. Ein solches Verständnis impliziert eine Einsicht in die wahre Beschaffenheit des Kerns, mit der man zu den im Kern waltenden Regeln und Gesetzen gelangt und eine Orientierung für die dann aufzunehmenden Übungen, die Praxis und Disziplin gewinnt. Diese Übungen sind notwendig, um das im rohen Kern ruhende Potential in ein praktisch verfügbares Talent zu verwandeln.

Der Begriff »Kern« ist uns vertraut; wir brauchen dabei nur an Äpfel denken. Aber ein Kern bezeichnet auch einen zentralen oder fundamentalen Teil eines Ganzen, der um sich herum weitere Eigenschaften versammelt. In Zusammenhang mit Studien oder Untersuchungen ist der Kern der Ausgangspunkt eines Studienverlaufs, in dem Grundmaterialien aus verschiedenen Gebieten zusammengefaßt werden, um für alle Studenten einen gemeinsamen Hintergrund zu liefern.

Wenn wir den Begriff »Kern« nun in unsere Diskussion

Bitte informieren Sie mich laufend über die Bücher und Neuerscheinungen des Verlages Hermann Bauer.

Ich interessiere mich besonders für

○ Esoterik
○ Reinkarnation
○ Astrologie
○ Tarot
○ Yoga/Meditation
○ Lebenshilfe
○ Alternative Heilweisen

Das Gesamtverzeichnis des Verlages Hermann Bauer und ein Probeheft der Zeitschrift esotera erhalten Sie kostenlos.

Sich selbst und das Leben neu entdecken

Das und vieles mehr finden Sie in esotera:

- Lebenshilfen zur Selbstverwirklichung für Körper, Seele und Geist
- Praktische Wege zu ganzheitlicher Gesundheit
- Psi-Phänomene und außergewöhnliche Fähigkeiten der Menschheit heute
- Urwissen und seine Anwendung mit und seine umfassendsten
- Den umfassendsten Veranstaltungskalender mit Seminaren und Vorträgen über Aktuelles
- Kurzmeldungen, Kassetten
- Tips für Bücher, Produkte und andere einer neuen Zeit im Zeichen einer neuen Zeit

○ Bitte senden Sie mir ein kostenloses Probeheft esotera

○ Bitte senden Sie mir ein Gesamtverzeichnis des Verlages Hermann Bauer

Ich beziehe meine Bücher über folgende Buchhandlung:

Bitte geben Sie deutlich Ihre Anschrift an:

Name

Vorname

Straße Nr.

PLZ Ort

Datum   Unterschrift

Verlag Hermann Bauer KG
Postfach 167
79001 Freiburg

einbringen, meinen wir damit das Zentrum oder Fundament einer naturgegebenen Fähigkeit. Die Quelle der Kerne naturgegebener Fähigkeiten entzieht sich größtenteils unserem Verständnis. Sie kann genetischer Art sein, kann aber auch mit der frühen Erziehung, dem Aufwachsen und der Ausbildung zusammenhängen. Bestimmte Personen scheinen einen Hang zu einem gegebenen Talent zu haben. Der fundamentale Aspekt kann dann eingekreist und als Entwicklungsgrundlage benutzt werden.

Der Kern eines Talents besteht teilweise aus Intuition, teilweise aus angeborenem Verständnis und teilweise aus einer »Hinneigung« zu einem bestimmten Talent. Die Kreativität kommt ins Spiel, wenn man sich entscheidet, auf dem Kerntalent aufzubauen. Es ist durchaus wahrscheinlich, daß solche Talentkerne in jedem vorhanden und nur bei bestimmten Menschen ausgeprägter sind. Man hat sozusagen ein »Ohr« für Musik, oder man hat es nicht.

Die Untersuchungen zur ASW in ihrer Gesamtheit lassen den Schluß zu, daß fast jeder ein Mindestmaß an ASW-Fähigkeiten besitzt. Dies führte zu der Mutmaßung, daß ASW ein allgemein vorhandenes, aber unterentwickeltes Talent ist, das in mehr Menschen ruht, als man je vermutet hatte. Die auf breiter Ebene vorliegenden Beweise für ASW könnten logischerweise nicht existieren, wenn der Mensch nicht auf ganz natürliche Art und Weise mit solchen Gaben ausgestattet wäre.

Wir müssen uns darüber klar werden, daß der Kern selbst nicht erfaßbar ist. Gehört er aber zu den universellen Gaben des Menschen, müßte man ihm allgemein akzeptable Äußerungen entlocken können, die in jedem identifiziert werden können. Werden diese allgemein vorhandenen Kernfundamente erst einmal beachtet und untersucht, ist ein Verständnis des Kerns ganz einfach. Talentkerne scheinen eine gemeinsame Integrität zu besitzen und somit bei verschiedenen Personen ähnliche oder identische Phänomene - selbst im Rohzustand - hervorzurufen.

Hat man diese Phänomene erst einmal akzeptiert und sie sich angeeignet - und insbesondere die Ähnlichkeiten erkannt –, schwindet die um sie herum entstandene Verwirrung zugunsten klarer und einfacher Erkenntnisse.

Es gibt viele Talente, die brachliegen, bis sie benötigt werden. Es gibt ebensoviele naturgegebene Talente, die unterdrückt werden, weil ihre Anwendung mit den herrschenden Werten nicht vereinbar wäre.

Die außersinnliche Wahrnehmung erfährt beide Grenzen. Aber die Zeiten ändern sich; das neue, transformative, visionäre Bewußtsein sucht den Horizont des Individuums zu erweitern, um die größeren Realitäten in sich aufzunehmen, in denen die Erde, ihre Bewohner und ihr Ökosystem existieren.

7. Die Eigeninitiativen des ASW-Kerns

In diesem Buch wird ASW als naturgegebenes Talent vorgestellt. Wie auch alle anderen naturgegebenen Talente arbeitet es unter Einbeziehung *aller* Elemente des Geistes, einschließlich des Gehirns. Es transzendiert die Grenzen all dieser separaten Bereiche und läßt sich daher nur schwer ausschließlich in einem Teil unterbringen oder einem eigenen Bereich zuordnen.

Wir werden dies am besten verstehen, wenn wir uns mit dem eigenen ASW-Kern in Verbindung setzen. Dann wird die Diskussion über den für ASW zuständigen Bereich zu einer rein theoretischen Angelegenheit.

Zunächst einmal sollten Sie einige Versuche anstellen, damit Sie sich davon überzeugen können, daß Sie wirklich Informationen über ein außerhalb Ihrer Sicht befindliches Zielobjekt erhalten können.

Sie werden wahrscheinlich in der Lage sein, zwischen Ihren bewußten Bemühungen, Informationen zu »erhalten«, und den Informationen, die spontan korrekt oder fast korrekt »ankommen«, zu unterscheiden. Wie sehr Sie sich auch immer bewußt auf das Zielobjekt konzentrieren werden, die Information wird Ihnen nicht zugänglich werden. Nach einem Dutzend oder mehr Versuchen werden Sie mit Hilfe dieses Buches anfangen, sich der verschiedenen Phänomene bewußt zu werden. Diese Phänomene sind mit den *Vorgängen,* anhand derer Sie die korrekten Informationen erhalten, eng verbunden. Erfassen Sie das Zielobjekt genau, werden Sie wahrscheinlich sehen, daß die Information in bereits verarbeitetem Zustand angekommen ist, ohne daß Sie mit Ihrem frontalen Bewußtsein »zu Hilfe eilen« mußten.

Der derzeit zur Beschreibung dieser »bereits verarbeite-

ten« Art von Phänomenen benutzte Begriff lautet »vorbewußte Verarbeitung«. Den Wissenschaftlern wird langsam
klar, daß vieles von dem, was dem Menschen völlig bewußt
wird, aus den im Vorbewußtsein ablaufenden Vorgängen
stammt, die vor dem Licht des wachen, bewußten Denkens
versteckt sind und sich der bewußten Steuerung entziehen.
Im Kern arbeitet die ASW zweifellos in dieser geschützten
Atmosphäre und ist in diesem Sinne wieder mit menschlichen Talenten vergleichbar.

Der Vereinfachung halber habe ich das folgende Schaubild (Seite 92) entworfen. Es enthält die grundlegenden Elemente des ASW-Vorgangs, wie ich ihn begreife.

Es gibt zwei Aspekte der Bewußtheit: die Vorgänge im
Bewußtsein und die Vorgänge im Vorbewußtsein. Letztere
laufen normalerweise in den nichtbewußten Bereichen des
Geistes ab. Zwischen dem Nichtbewußten und dem
Bewußten liegt ein Band, die Bewußtseinsschwelle, die die
einfließenden, im Vorbewußtsein verarbeiteten Informationen vor der Ankunft im Bewußtsein überschreiten müssen. Dann werden die einfließenden Informationen be-
zeichnenderweise von den bewußten geistigen Kräften ana-
lysiert, um ihnen eine Struktur zu verleihen, die das
Bewußtsein erkennt.

Angesichts dieses Verlaufs und unter Berücksichtigung
der Tatsache, daß der ASW-Kern die paranormalen Informationen selber exakt konstruieren und verarbeiten kann,
verstehen wir jetzt, daß jedes potentielle Hindernis, das die
Klarheit der paranormalen Informationen vermindert, aus
Fehlinterpretationen der paranormalen Informationen im
Bewußtsein resultiert, wobei die Fehlinterpretation automatisch die Oberhand gewinnt.

Wir stellen fest, daß die ASW-Informationen mindestens
zwei Wege beschreiten können: einen freien, ungehinderten und einen, der mit bewußten Vorstellungen gepflastert
ist. Diese beiden Wege seien durch die folgenden Graphi-
ken veranschaulicht (Seite 94 und 95).

Beim ungehinderten Weg sehen wir, daß die paranormalen Informationen das geistige System wahrscheinlich

durch einige ihrer unbewußten und unbekannten Spektren betreten. Sie passieren den Bereich der vorbewußten Verarbeitung, wo sie Form annehmen, und werden dann in das Bewußtsein hochgeschleust, wo sie ihrem wirklichen Inhalt entsprechend wahrgenommen werden.

Bei dem von bewußten Vorstellungen gepflasterten Weg sehen wir, daß die Informationen durch bewußte Gedanken umgeleitet werden. Auf diesem Weg fügt das Bewußtsein Interpretationen *hinzu,* die häufig falsch sind.

Mit diesen Wegen im Hinterkopf können wir den Gesamtvorgang schnell durch einen weiteren Aspekt vervollständigen, der auf beiden Wegen vorhanden sein muß – die Kreativität. Die einfließenden paranormalen Informationen, die den Bereich der vorbewußten Verarbeitung durchlaufen und dort wahrscheinlich Form annehmen, müssen auch einen Kreativitätsprozeß durchlaufen, der es der Person gestattet, im kreativen Sinne daran teilzunehmen.

Wahrscheinlich bekommen die paranormalen Informationen auf dieser Ebene der Interaktion einen guten Teil ihrer »Geräusche«. Die kreativen Kanäle sind eng mit einer Vielzahl analytischer Gedankenprozesse verbunden, mit Emotionen des Individuums und den visionären Elementen seiner Träume, Vorbehalte und der Erziehung. Wenn die paranormalen Informationen durch diese vielfältigen Kanäle hindurchschnellen, können sie also ohne weiteres durch andere beiläufige Bewußtseinselemente behindert werden. Die nachfolgende Graphik (Seite 95) zeigt einige mögliche Strecken auf, die die paranormalen Informationen vor dem Erreichen des endgültigen Ziels durchlaufen können.

Ich denke, daß jeder, der bislang auch nur ein bißchen kreative Arbeit geleistet hat, mir zustimmen wird, daß Kreativität und vorbewußte Verarbeitung eng miteinander verbunden sind. Sowohl kreative Ideen als auch unverfälschte ASW-Informationen erreichen uns aus einem nebulösen Gebiet. Es dürfte weiterhin klar sein, daß ASW eine enge Verbindung zur Kreativität und vorbewußten

Der allgemeine Verlauf der paranormalen Informationen
unter Anführung einiger möglicher Barrieren

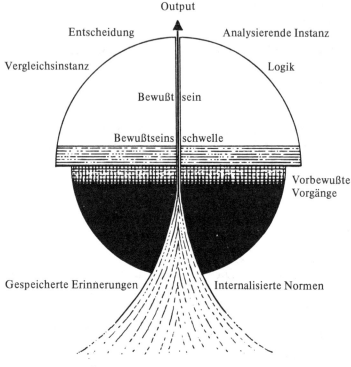

Input – paranormale Informationen

Einfließende paranormale Informationen müssen im Intellekt einen wahren Spießrutenlauf hinter sich bringen, wobei jeder intellektuelle Vorgang auf Kosten der Klarheit der paranormalen Information gehen kann. Sehen Sie in der obigen Darstellung einige dieser möglichen Vorgänge, die mehr oder weniger Einfluß ausüben können. *Logik* und *internalisierte Normen* können die paranormale Information unkenntlich machen, was häufig auch der Fall ist. Die *Vergleichsinstanz* vergleicht die paranormalen Informationen mit vergangenen Erfahrungen. Die durch die Vergleichsinstanz hervorgerufenen Bilder übernehmen oft die Vorherrschaft beim Output, ohne daß die betreffende Person sich der vorgegangenen Veränderung bewußt geworden ist.

92

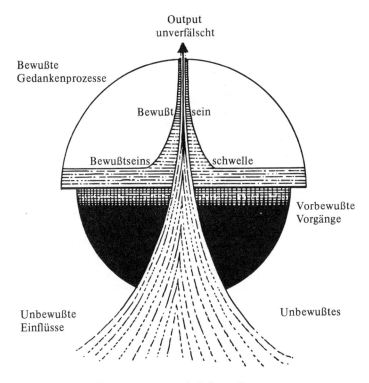

Input – paranormale Informationen

Oft durchlaufen die einfließenden paranormalen Informationen alle intellektuellen Prozesse, ohne sich von ihnen aufhalten zu lassen. In solchen Fällen werden die paranormalen Informationen entweder überhaupt nicht durch hinderliche intellektuelle Vorgänge beeinträchtigt oder arbeiten harmonisch mit ihnen zusammen. Im Falle spontaner, unverfälschter ASW werden die Barrieren wahrscheinlich durch bislang noch nicht ganz begriffene unbewußte Faktoren überwunden. Wenn eine Person ASW durch das Bewußtsein zu erzwingen versucht, tendiert das intellektualisierende Bewußtsein dazu, die in diesem Fall schwächeren paranormalen Informationen zu überwältigen und unkenntlich zu machen.

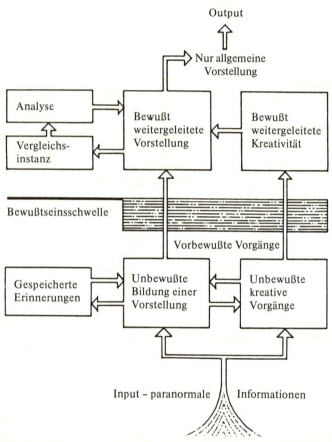

Jeder, der selber schon Ideen hatte und kreativ tätig war, weiß, daß sowohl bewußte als auch unbewußte Vorgänge dabei im Spiel sind. Auch die außersinnliche Wahrnehmung kann diesen beiden geheimnisvollen und mächtigen Eigenschaften des menschlichen Geistes nicht aus dem Weg gehen. Paranormale Informationen müssen ideen-kreativitätsbildende Instanzen durchlaufen, um eine für die Logik und Analyse erkenntliche Grundform anzunehmen. Viele ASW-Ergebnisse zeigen, daß die paranormale Information über diese Instanzen verarbeitet wurde und im Endergebnis nur eine allgemeine Vorstellung oder Idee des Zielobjekts vorliegt. Dieser Weg führt nach dem ungehinderten Weg mit seinen unverfälschten Ergebnissen zu den zweitbesten Resultaten.

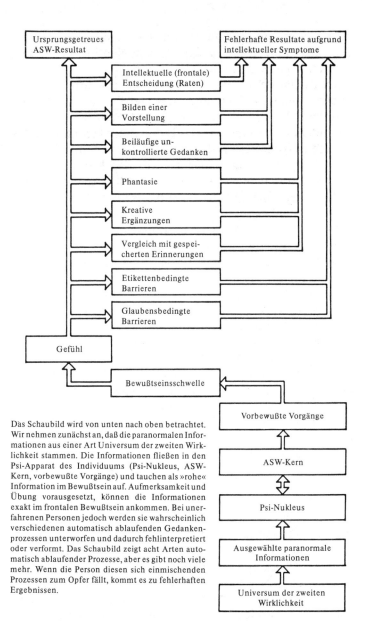

| Ursprungsgetreues ASW-Resultat | | Fehlerhafte Resultate aufgrund intellektueller Symptome |

Intellektuelle (frontale) Entscheidung (Raten)

Bilden einer Vorstellung

Beiläufige unkontrollierte Gedanken

Phantasie

Kreative Ergänzungen

Vergleich mit gespeicherten Erinnerungen

Etikettenbedingte Barrieren

Glaubensbedingte Barrieren

Gefühl

Bewußtseinsschwelle

Vorbewußte Vorgänge

ASW-Kern

Psi-Nukleus

Ausgewählte paranormale Informationen

Universum der zweiten Wirklichkeit

Das Schaubild wird von unten nach oben betrachtet. Wir nehmen zunächst an, daß die paranormalen Informationen aus einer Art Universum der zweiten Wirklichkeit stammen. Die Informationen fließen in den Psi-Apparat des Individuums (Psi-Nukleus, ASW-Kern, vorbewußte Vorgänge) und tauchen als »rohe« Information im Bewußtsein auf. Aufmerksamkeit und Übung vorausgesetzt, können die Informationen exakt im frontalen Bewußtsein ankommen. Bei unerfahrenen Personen jedoch werden sie wahrscheinlich verschiedenen automatisch ablaufenden Gedankenprozessen unterworfen und dadurch fehlinterpretiert oder verformt. Das Schaubild zeigt acht Arten automatisch ablaufender Prozesse, aber es gibt noch viele mehr. Wenn die Person diesen sich einmischenden Prozessen zum Opfer fällt, kommt es zu fehlerhaften Ergebnissen.

95

Verarbeitung aufweist. Letztendlich wird nur ein umfassendes Verständnis dieser Vorgänge dem Neuling, der seinen eigenen ASW-Kern entwickeln will, helfen.

Kreativität wird zu einem großen Teil aus eigenem Antrieb heraus in Bereichen des Geistes außerhalb oder unterhalb des gewollten, bewußten Steuerungsvermögens des Individuums erzeugt. Das Individuum kann höchstens für eine Disziplinierung des Bewußtseins im Sinne des kreativen Vorgangs sorgen. Da sie auf der Kernebene viel gemeinsam zu haben scheinen, hängen Kreativität, Talente und außersinnliche Wahrnehmung als unter der Ebene des Bewußtseins liegende, intern ablaufende, subjektive, sich selbst erzeugende Aktivitäten wahrscheinlich eng zusammen.

Wenn bewußte, objektive, willentlich erzeugte Antworten durcheinanderlaufen, kommt es entweder zu einer Stauung oder zu einem Konflikt, und die Impulse des Talents, der Kreativität oder der außersinnlichen Wahrnehmung werden unterdrückt oder gehemmt.

Sobald die sich selbst erzeugenden internen Anforderungen der aus eigener Initiative heraus entstandenen ASW einmal zur Kenntnis genommen und verstanden worden sind, läßt sich durch bewußt angewandte Geschicklichkeit für sie eine bessere Umgebung im Bewußtsein schaffen. Mit anderen Worten: Kreativität, Talente und außersinnliche Wahrnehmung können seitens des Bewußtseins Hilfestellungen bekommen, aber erst, nachdem die wesentlichen, natürlich vorgehenden internen Faktoren bewußt geworden sind.

Die in diesem Buch für den Verlauf der ASW-Informationen durch den Intellekt angeführten Beispiele weisen eine enge Verbundenheit zu neuen Bewußtseins-Unterbewußtseinsmodellen auf, zu denen Forscher anderer Disziplinen gelangt sind. Ein herausragendes Beispiel dafür stammt aus einer von Dr. Norman Dixon im Bereich unterschwelliger Wahrnehmung angefertigten Arbeit. Eines von Dixons einfacheren Schaubildern wird hier zum Vergleich aufgeführt (Seite 97).

Die sich selbst erzeugenden Vorgänge

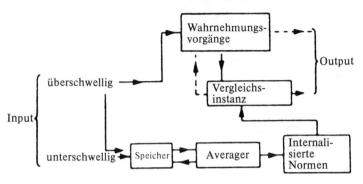

Ein mögliches Modell für die Wirkung unterschwelliger »Anker« beim Anpassungsvorgang. Die gestrichelten Linien repräsentieren die Hypothese, daß die unterschwelligen Anker die Erscheinungsformen der überschwelligen Abfolge, und nicht nur verbale Äußerungen, beeinträchtigen ... Der Wahrnehmungsvorgang, der alle überschwelligen »Inputs« weitergibt, dient auch der Aufnahme der Informationen aus der Vergleichsinstanz. Da unterschwellige »Inputs« in den Speicher fließen, den Wahrnehmungsprozeß aber nicht direkt aktivieren, beeinflussen sie das Ergebnis nur durch die internalisierten Normen und die Vergleichsinstanz. Wenn sie die Wahrnehmungen der überschwelligen Stimuli beeinflussen, geschieht dies aufgrund ihres Beitrags zu den internalisierten Normen auf indirekte Art und Weise. Dabei verlieren sie dann gezwungenermaßen ihre Identität: Sie bleiben effektiv, aber unterschwellig. (Aus: Norman E. Dixon: *Preconscious Processing,* John Wiley, Chichester und New York, 1981, Seite 25.)

Dixons Arbeit zeigt, daß unterschwellige Informationen zunächst in einen nichtbewußten *Speicher* gelangen und dann anhand eines *Averagers* und *internalisierter Normen* verarbeitet werden, wobei diese letztgenannten Aspekte wahrscheinlich Teil des nichtbewußten, kreativen Prozesses des Individuums sind. Jeder dieser Aspekte birgt einen vorbewußten Prozeß irgendeiner Art.

Die Ergebnisse dieser vorbewußten Vorgänge fließen in das Bewußtsein ein, wo sie mit bewußten Vorstellungen verglichen werden. Das Endresultat wird in der Regel eine Vermischung all dieser Aspekte sein. Paranormale Informationen jedoch, die keine Behinderung erfahren haben, können nicht mit anderen Aspekten vermischt worden sein. Dies müssen wir beachten, wenn wir feststellen, daß die ASW zu funktionieren *versucht,* aber auch falsch funktioniert. Die Fehlfunktion findet in einem dieser Bereiche statt, von denen ein jeder die Genauigkeit der ASW-Informationen zu verhindern oder zu degradieren sucht.

Nach meinem Wissen ist der ASW nie eine Eigeninitiative zugesprochen worden. Wir müssen die mit dieser Eigenschaft verbundenen natürlichen Bedürfnisse in Erfahrung bringen und dürfen uns ihnen nicht mit einer festgelegten Erwartungshaltung nähern. Ich gehe noch weiter: Die Kultivierung der ASW ist eine *künstlerische Leistung.* Für jede Kunst wird ein geeignetes Handwerk geschaffen, und je mehr man über die Kunst lernt, um so mehr entwickelt sich das Handwerk. Eine Untersuchung der aus dem naturgegebenen rohen ASW-Kern entstehenden Phänomene, die in diesem Buch unter Anführung vergangener Fälle dargelegt und auch durch Ihre eigene Arbeit belegt werden, wird der Beginn eines solchen neuen Handwerks sein.

8. Zeichnungen – Das erste Phänomen des ASW-Kerns

Es gibt da ein altes Rätsel, über das die Menschen sich manchmal den Kopf zerbrechen: Was war zuerst da – das Huhn oder das Ei?

Das sich nur mit physischen Erfahrungen beschäftigende frontale Bewußtsein kann diese Frage nicht beantworten und würde schon beim bloßen Versuch verrückt werden. Das Rätsel wurde in früheren Zeiten als eine jener intellektuellen Übungen eingeführt, mit denen der Denkvorgang angeregt werden sollte, sich vom frontalen Bewußtsein zu lösen und sich auf tiefere und grundlegendere Ebenen zu begeben.

Die richtige Antwort auf diese Frage nach dem Huhn und dem Ei ist gar keine Antwort, sondern eine weitere Frage. Denkt man über dieses Rätsel gründlich nach, wird deutlich, daß es ganz egal ist, ob nun das Huhn oder das Ei zuerst da war, da sowohl Huhn als auch Ei von etwas anderem abstammen müssen, das zuerst da war und beides geschaffen hat. Aber was war vor dem Huhn und dem Ei da? Keins von beiden konnte so einfach in vollendeter Form »erscheinen«.

Wir werden mehr Glück haben, wenn wir uns mit einem ähnlichen Rätsel befassen, das unserem ASW-Problem näher steht. Was taucht im Geist zuerst auf: Bilder oder Worte. Bei einer Beschäftigung mit diesem Rätsel ist uns deshalb mehr Erfolg beschieden, weil uns hier sowohl individuelle und persönliche Erfahrungen zur Verfügung stehen, als auch die Kunst und die Wissenschaft, die nötigenfalls einspringen können.

Kinder fertigen Gekritzel und grobe Zeichnungen an, lange bevor sie mit dem Gemalten Worte in Verbindung bringen. Auf allen Ebenen des Lernens ist es allgemein

99

anerkannt, daß das Produzieren geistiger Bilder eine angeborene, natürliche Fähigkeit ist. Worte hingegen werden
erlernt, auch wenn das Kind ein angeborenes Talent für die
Sprache mitbringt.

Welche Sprache das Kind erlernt, hängt vollständig von
der Kultur ab, in die es hineingeboren wird, wobei Provinz
oder Landesteil für den Dialekt oder bestimmten Akzent
verantwortlich sind. Das Erlernen zusätzlicher Sprachen
hängt von den Ausbildungsmöglichkeiten ab.

Neben dem Sprachsystem steht die Welt der geistigen
Bilder, und Bilder sind eine allen Kulturen und allen
Menschen eigene Sprache. Grundlegende Bilder tauchen
auf, lange bevor die Worte erlernt werden, die solche Bilder
beschreiben. Folglich steht das Produzieren von Bildern
dem Psi-Nukleus und dem ASW-Kern näher.

Jede Information, die das tiefere Selbst auf paranormale
Weise aus der zweiten Wirklichkeit holt, wird zunächst
anhand von Bildern aufgenommen. Im Zuge der Interpretationen dieser Bilder werden diese dann in die Sprache
übersetzt, die die Person normalerweise spricht.

Das soll allerdings nicht heißen, daß in dem allgemeinen
Informationspool, den die zweite Wirklichkeit darstellt,
nicht auch alle Sprachen existieren, zumal es Beweise dafür
gibt, daß sehr ausgeprägte ASW-Erlebnisse auch zum Sprechen von Sprachen führen können, die dem Individuum
eigentlich unbekannt sind. Aber alles deutet auf die Tatsache hin, daß bei den ersten Versuchen, mit dem eigenen
grundlegenden ASW-Kern in Verbindung zu kommen, die
durch Sprache auferlegten Schwierigkeiten besser umgangen werden, um somit den fundamentaleren und Bilder
schaffenden Vorgängen Raum für die erste und natürlichste
Arbeit zu lassen.

Wie ich schon früher in diesem Buch erwähnte, ist die
Parapsychologie eine hoch *verbalisierte* Wissenschaft. Während viele Parapsychologen Bilder als Zielobjekte benutzen, erfolgen die Rückmeldungen der Versuchsperson normalerweise mit Hilfe der Sprache. Die Probanden werden
aufgefordert, das, was sie »sehen«, in Worte zu fassen. Sel-

ten werden sie gebeten, ihre Rückmeldungen aufzuzeichnen. Dies ist das standardisierte Verfahren in der Parapsychologie, wobei die meisten Forscher nicht sehen, daß der Proband damit gezwungen wird, die einfließenden paranormalen Informationen doppelt zu verarbeiten. Sobald die ursprüngliche, in Form eines Bildes vorhandene paranormale Information den Psi-Kern verläßt und in den bewußten oder halbbewußten Vorgang der Wortbildung gezwungen wird, versucht der Intellekt, die Antwort zu finden. Bei diesem Versuch, die Bilder in Worte zu übersetzen, kann es zu vielen Verzerrungen und Fehlinterpretationen kommen, was in der Tat auch der Fall ist.

Der fortgeschrittene Psi-Begabte lernt intuitiv, sich zugunsten des Empfangs grundlegender Bilder von der Aufgabe der Wortfindung zu lösen. Mit etwas Erfahrung lernt der Intellekt, wie die ASW-Informationen in seine Tätigkeit zu integrieren sind, und die Wortfindung wird einfacher. Aber wenn die ursprüngliche, Bilder produzierende Tätigkeit des Psi-Begabten übergangen oder ignoriert wird, wie es oft der Fall ist, wird die Person sich sehr schwer tun, ASW auf der ursprünglichsten Ebene angemessen zu erfahren.

Lassen Sie uns ein hypothetisches Beispiel nehmen. Ein Freund einer recht eleganten Frau legt in einem anderen Raum einen Gegenstand auf den Tisch. Die elegante Frau, die sich zunächst ziert, nicht zeichnen zu können, wird schließlich doch überredet zu versuchen, durch Kontaktaufnahme zu ihrem ASW-Kern wahrzunehmen, um was für einen Gegenstand es sich handelt. Sie stellt die folgende kleine Skizze her:

Sie war überrascht darüber, daß diese Skizze ihr nahezu automatisch von der Hand ging. Auf die Frage, was diese Skizze darstellen sollte, antwortete sie zunächst, es sei irgendwie glitschig, daß es aber eine Vase sein könnte, andererseits könnte es auch ein Krug, eine Kanne, eine Konservendose, ein Wasserkrug und so weiter sein. Die Sprache gab ihr viele Möglichkeiten. Als man ihr das Zielobjekt zeigte, stellte es sich als eine gebrauchte Dose für Motoröl heraus. Sie sah die Dose an und sagte: »Nun, ich habe mit solchen Sachen gar nichts zu tun.« Und doch hatte ihr Psi-Nukleus ihr automatisch die richtige Form eingegeben und auch das Gefühl von Glitschigkeit vermittelt.

Die der Wahrheit am nächsten kommenden Teile ihrer Rückmeldung wurden ohne jeden bewußten Prozeß erzielt. Als diese durch die Frage nach dem Gegenstand der Zeichnung dann aktiviert wurden, tauchten Ungenauigkeiten und Fehlinterpretationen auf.

Viele Erwachsene werden behaupten, nicht zeichnen zu können, wobei sie vergessen, daß sie als Kinder eifrig Bilder gemalt haben, vermutlich lange bevor sie fließend sprechen konnten. Die angeborene Fähigkeit und der angeborene Wunsch, innere Bilder zum Ausdruck zu bringen, ist als Ganzes sehr wichtig und, wie wir sehen, von primärer Bedeutung für die wesentliche ursprüngliche ASW-Erfahrung.

Die überzeugendsten Beispiele der ASW kommen von entwickelten Psi-Begabten, die, nachdem sie Vertrauen zu ihren Zeichnungen gefaßt hatten, erstaunliche Beweise sowohl für die ASW *als auch* für den Wert der Zeichnungen geliefert haben. Die berühmte mexikanische Psi-Begabte Maria Reyes de Z. wurde beispielsweise einmal mit einem schwer zu beschreibenden Stück Marmor konfrontiert. Sie fertigte die Skizze auf Seite 103 an.

Dieses eine Experiment – und es gibt Hunderte anderer Beispiele – belegen die neue Hypothese der Physik, nämlich daß in der zweiten Wirklichkeit alle Informationen in einer Art ewiger Wellenform vorhanden sind. Alles, was ein entwickelter Sensitiver benötigt, ist ein Punkt, auf den er sich konzentrieren kann. Wenn alle anderen Umstände gut laufen, kann er sich dann auf die Information einstimmen. Der nächste Schritt besteht darin, den Psi-Nukleus seine Arbeit verrichten zu lassen, *ohne* ihn in Fehlinterpretationen zu verwickeln, die bei bewußter Manipulation der einfließenden paranormalen Informationen eintreten. Der wesentliche Punkt ist der, daß in jedem von uns eine grundsätzliche, aber unterentwickelte Funktion liegt. Unser ASW-Kern arbeitet automatisch, wenn wir lernen, ihn gewähren zu lassen. Außerdem wird aus den Zeichnungen ersichtlich, wie gut der ASW-Kern arbeitet, und wir können durch sorgfältige Beobachtung der Zeichnungen selbst auch aus ihnen lernen.

Das Stück Marmor stammte aus dem Forum von Rom. Die Photographie unten zeigt, wie es zur Zeit des Versuchs aussah.

Auf der Suche nach Zeichnungen

Nach den von mir erstmals im Jahre 1971 angefertigten
Zeichnungen begann ich, mich auf die Suche nach anderen
Beispielen zu machen. Ich verfolgte damit zwei Ziele. Ich
wollte eine Vorstellung von den Personen bekommen, die
in der Vergangenheit die ASW anhand von Zeichnungen
demonstriert hatten. Ich hatte das Gefühl, daß es wichtig sei
zu wissen, um welche Art von Menschen es sich dabei handelte. Ich wollte wissen, ob sie besondere Eigenschaften
hatten, die mir bei der Weiterentwicklung meiner eigenen
ASW Modell stehen konnten.

Allgemein herrscht die Auffassung, daß Menschen, die
sensitiv sind, irgend etwas Besonderes an sich haben müssen. Ein wirklich entwickelter Sensitiver wird zwar in der Tat
zu etwas Besonderem, aber alle Personen, die Zeichnungen
angefertigt hatten, waren größtenteils ganz normale Menschen. Ihre Gewöhnlichkeit beeindruckte mich letztendlich sehr. Sie hatten ihre Psi-Begabung zufällig entdeckt, sie
Forschern demonstriert und waren dann offensichtlich in
ihr ganz alltägliches Leben zurückgekehrt. Kaum einer von
ihnen wurde zu einem großen, entwickelten Sensitiven. Sie
bleiben im allgemeinen unbekannt, abgesehen von ihren
Initialen, durch die sie in Forschungsberichten identifiziert
werden.

Dieser Faktor brachte mich auf die Idee, daß psychische
Forschung und Parapsychologe vielleicht – ohne es zu
wissen – mit zwei völlig unterschiedlichen Arten von ASW
beschäftigt sind. Die Tests mit großen und berühmten Sensitiven sind anerkannt. Aber was ist mit den verblüffenden
ASW-Fällen, die wir von ganz normalen Menschen kennen?
Diejenigen, die nicht die geringste Ahnung hatten, daß sie
sensitiv sein könnten, stießen unbeabsichtigt auf diese
Fähigkeit? Diese Gruppen von Menschen unterscheiden
sich sicherlich von – sagen wir – denjenigen, die sich über
ihre natürlichen Psi-Fähigkeiten im klaren sind und diese
bewußt entwickeln.

Aufgrund dieses Faktors war ich in den ganzen Jahren

immer daran interessiert, jemanden, der nie ein Psi-Erlebnis gehabt hatte, bei der Anfertigung einer Zeichnung zu beobachten. Viele dieser Menschen bestehen darauf, daß sie nicht sensitiv sind und auch nicht sein können, und doch haben sie – zu ihrer eigenen Überraschung – recht häufig erstaunliche Resultate erzielt.

Das zweite Ziel meiner Suche nach Zeichnungen ergab sich aus dem ersten. Als ich anfing, die Zeichnungen miteinander zu vergleichen, fiel mir als erstes auf, daß sie verblüffend viele Ähnlichkeiten aufwiesen. Die erste Ähnlichkeit bestand darin, daß man, abgesehen von einigen wenigen sekundären stilistischen Formen, leicht hätte glauben können, sie wären alle von ein und derselben Person angefertigt worden. Immer dann, wenn das Zielobjekt nicht korrekt erfaßt oder nur teilweise korrekt erfaßt worden war, wiesen die bestehenden Diskrepanzen zwischen Zielobjekt und Rückmeldung ein hohes Maß an Ähnlichkeit auf.

Zeichnungsserien aus den achtziger Jahren des letzten Jahrhunderts können mit Serien aus den siebziger Jahren dieses Jahrhunderts (und den dazwischenliegenden Jahren) verglichen werden, und die verschiedenen Merkmale sind alle gleich. Man kann tatsächlich die Schwierigkeiten erkennen, die der Psi-Nukleus hat, wenn er versucht, die paranormalen Informationen in das Bewußtsein zu befördern. Diese Schwierigkeiten sind wirklich identisch.

Durch einen Vergleich und eine Beobachtung dieser Schwierigkeiten konnte ich schließlich eine Liste einiger unterschiedlicher Störungen aufstellen, die bei der Anfertigung von Zeichnungen auftreten. Detaillierte Beispiele folgen zu einem späteren Zeitpunkt.

Beginnend mit einem ganz unverfälschten Ergebnis, bei dem die Zeichnung das Zielobjekt mehr oder weniger exakt wiedergibt, erstrecken sich die Abweichungen über eine ganze Skala von Störungen bis hinunter zu den schlechtest möglichen Ergebnissen, bei denen das Zielobjekt überhaupt nicht erkannt wurde.

Einige dieser Schwierigkeiten tauchen offensichtlich im rohen, unerfahrenen ASW-Kern selbst auf; aber wesentlich mehr Störungen sind auf die Einmischung des Bewußtseins zurückzuführen, wenn es versucht, die einfließenden paranormalen Informationen mit bereits gespeicherten Erfahrungselementen in Zusammenhang zu bringen. Wenn der bewußte Geist versucht, die einfließenden paranormalen Informationen zu beherrschen, können diese bis zur Unkenntlichkeit verzerrt werden.

Aber das Wunderbarste an dieser ganzen Sache ist ja, daß das Bewußtsein – wie wir wissen – lernfähig ist, vorausgesetzt, man kann ihm nahebringen, was es zu lernen hat. Nachdem ich die Liste der Störungen im Gedächtnis gespeichert hatte, wurde die Zusammenarbeit meines verborgenen ASW-Systems mit den Grundelementen des Psi-Nukleus und dessen ASW-Kern wesentlich besser. Die Manifestationen bewußter geistiger Tätigkeiten zogen sich entweder völlig zurück und ließen die ASW-Informationen ungehindert durch, oder sie leisteten eine harmonische Zusammenarbeit. Infolgedessen gelang es mir, bei meinen Versuchen die paranormalen Informationen auf bemerkenswerte Weise wiederzugeben.

Wenn wir uns mit den für dieses Buch ausgewählten Beispielen näher beschäftigen (es sind nur einige von rund zweihundert verfügbaren), wollen wir natürlich auch etwas über die Menschen erfahren, die diese Zeichnungen angefertigt haben. Mit den bestehenden neun Hauptserien liegt uns eine umfangreiche Kollektion von Zeichnungen vor, die von einigen wenigen Menschen angefertigt wurden. Daneben gibt es noch viele Beispiele mehr, allerdings von Menschen, die nur wenige Zeichnungen anfertigten, mitunter sogar nur eine oder zwei. Die Quellenangaben zu den Hauptserien finden Sie am Anfang der Bibliographie.

Welche Menschen haben Zeichnungen angefertigt?

Die ersten Zeichnungen, auf die ich stieß, stammen von George Albert Smith, der diese im Winter 1882/83 an der *Society for Psychical Research* in London angefertigt hatte, kurz nachdem diese gegründet worden war. Die Zeichnungen waren so verblüffend und genau, daß sie von Kritikern heftig angegriffen wurden und der erste Skandal in der Geschichte der organisierten psychischen Forschung mit voller Kraft entflammte.

Zu seiner Zeit war dieser Skandal lange und fürchterlich. Angelpunkt war, ob Smith und sein Verbündeter, ein gewisser Douglas Blackburn, die frühen bedeutenden Psi-Forscher, deren Ruf als Wissenschaftler jetzt auf dem Spiel stand, nun betrogen und hintergangen hatten oder nicht. 1888 starb einer der beiden Forscher unter sehr mysteriösen Umständen. Man vermutete Selbstmord, weil Smith ihn möglicherweise betrogen hatte. Dieser Skandal wurde nie wirklich beigelegt, und die Kritiker zehren immer noch davon, weil sie hoffen, endgültige Beweise zu finden.

Smiths Geschichte ist aus zwei Gründen erzählenswert. Durch den Skandal wurde die Möglichkeit der Zeichnungsanfertigung mehr oder weniger zu Grabe getragen, und er ist vermutlich einer der Gründe dafür, daß viele nachfolgende Forscher von solchen Zeichnungsanfertigungen Abstand nahmen. Aber wir sehen bei einem Vergleich mit anderen im Laufe der Jahre zusammengekommenen Zeichnungen, daß die Merkmale von Smiths Bildern mit den für die Aufzeichnung paranormaler Informationen charakteristischen Merkmalen übereinstimmen. Smith konnte seine Zeichnungen wohl kaum im voraus angefertigt haben und dabei die Qualität anderer Zeichnungen erreicht haben, die es zu dem besagten Zeitpunkt noch gar nicht gab. Damit ist bewiesen, daß Smith kein Betrüger war und seine Arbeit wieder als das anerkannt werden sollte, was sie wirklich ist: ein Beispiel für hervorragende und genau arbeitende paranormale Funktionen.

Douglas Blackburn wurde 1857 in London geboren. Zu dem besagten Zeitpunkt war er dreiundzwanzig Jahre alt (1880) und Herausgeber einer kleinen in Brighton veröffentlichten Zeitschrift *(The Brightonian)*.

Aus seinen Artikeln im *Brightonian* erfahren wir, daß er starkes Interesse an der Welt der Unterhaltung hatte, insbesondere an Zaubervorstellungen, an öffentlichen Vorführungen der Trüglichkeiten des Spiritismus und an Vorstellungen von Medien, Menschen mit dem zweiten Gesicht oder Gedankenlesern.

In der Ausgabe des *Brightonian* vom 22. April 1882 begann Douglas Blackburn mit der Veröffentlichung einer Reihe sehr lobender Berichte über die öffentlichen Vorstellungen eines Bühnenhypnotiseurs, eines einheimischen Jugendlichen namens George Albert Smith. Smith wurde 1864 als Sohn einfacher Eltern im Ripplegate-Bezirk in Ostlondon geboren. Er verdiente sich seinen Lebensunterhalt als Seaside-Entertainer in seinem Heimatort und wußte viel über Beschwörungen. Außerdem hatte er ein bemerkenswertes Talent zur Erfindung neuer Tricks.

Über die genaue Beziehung zwischen Blackburn und Smith wird in der verfügbaren Literatur nicht gesprochen, aber Blackburn überschritt zweifellos seine Aufgaben als Journalist, als er die Bühnenauftritte des jüngeren Smith im Übermaß lobte. Die beiden arbeiteten bis zum September 1882 zusammen, indem sie in der Öffentlichkeit gegen Barzahlung Unterhaltungsvorstellungen zur Pseudo-Gedankenübertragung gaben.[1]

Blackburn setzte sich nunmehr mit Forschern der gerade gegründeten *Psychical Research Society* in Verbindung. Unter der Leitung dieser Gesellschaft fanden dann die berüchtigten Versuche statt. Diese Smith-Blackburn-Versuche wurden hauptsächlich unter der Leitung von Mr. Frederick W. H. Myers (1834–1901) und Mr. Edmund Gurney (1847–1888) durchgeführt.

---

1 Unmittelbar vor der Prägung des Begriffs »Telepathie« war der Begriff »Gedankenübertragung« gebräuchlich.

Frederic Myers war durch und durch Gelehrter, ein hervorragender Dichter und brillanter Psychologe. Er war dreißig Jahre lang Schulinspektor in Cambridge, zog sich dann aber zurück, um psychische Forschungen durchzuführen. Er schrieb mehrere Bücher, und von den sechzehn Bänden mit den zu seinen Lebzeiten veröffentlichten Berichten über die Vorgänge an der Psychical Research Society gibt es nicht einen, der den nicht wichtigen Beitrag aus seiner Feder enthält.

Edmund Gurney war ein ausgezeichneter englischer Psi-Forscher, dessen zahlreiche Arbeiten zu den Hauptpfeilern der Psychical Research Society zählten. Im Rahmen der psychischen Forschung galt sein Interesse besonders der Entdeckung der Gedankenübertragung. Zwischen 1885 und 1888 führte er eine große Anzahl von Experimenten durch, durch die er bewies, daß beim Hervorrufen hypnotischer Phänomene mitunter eine Funktion tätig wird, die weder etwas mit normaler Nervenstimulierung noch mit Suggestionen zu tun hat, die auf normalem Weg in den Geist des Probanden gelangen könnten.

Als Smith und Blackburn unter der Leitung von Gurney und Myers mit ihren Demonstrationen begannen, wurde ihnen erlaubt, sich an den Händen zu halten. Das war damals keine ungewöhnliche Methode. Geistes- oder Gedankenübertragung wurde eine ganze Zeit lang so durchgeführt. Um die Ergebnisse dieser ersten Experimente brauchen wir uns hier allerdings nicht kümmern.

Später befand sich Blackburn in einem anderen Raum, wenn er seine Gedanken auf ausgewählte Ziele konzentrierte, die Smith dann zu empfangen versuchte. Um eine absichtliche Kommunikation zwischen den beiden zu verhindern, wurden sie von Gurney und Myers sorgfältig überwacht. Zu diesem Zeitpunkt hatte Smith damit angefangen, das, was er zu empfangen meinte, aufzuzeichnen. Und genau diese Zeichnungen demonstrieren das, was wir angesichts eines Vergleichs mit nachfolgenden Zeichnungen als sein ASW-Potential bezeichnen können.

Die ersten veröffentlichten Berichte über Gedankenübertragung führten in England zu einem erheblichen Aufruhr, und das Interesse an Zeichnungen verbreitete sich bis auf den Kontinent. Dies war lange vor der Zeit des Rundfunks und Fernsehens, als man gewohnt war, für die häusliche Unterhaltung selbst zu sorgen. Bald kamen Gedankenübertragung und Zeichnungen als Gesellschaftsspiele und auf Parties in Mode, und auf dieser Ebene gab es zahlreiche wunderbare Beispiele für die Kern-ASW, von denen heute allerdings nur noch wenige erhalten sind.

Einige dieser Fälle kamen der *Society of Psychical Research* zu Ohren. Als die Resultate auch extrem gründlichen Testkontrollen standhielten, wurden sie von der Gesellschaft veröffentlicht.

Ein anderer interessanter Fall früher Zeichnungen hängt mit Mr. Malcolm Guthrie zusammen, einem Teilhaber des damals führenden Textilhandelshauses in Liverpool. Er war außerdem Laienrichter und Philosophiestudent.

Im Jahre 1883 arbeiteten zwei Verkäuferinnen, Miss Edwards und Miss Relph, in seinem Textilgeschäft. Außer diesen Namen wissen wir kaum etwas über die beiden Damen. Wir können nur annehmen, daß sie ganz normale Menschen waren und Interesse daran gewonnen hatten, sich gegenseitig paranormale Informationen zuzusenden. Ihre Ergebnisse waren sehr gut, und als Guthrie von ihren paranormalen Tätigkeiten erfuhr, wollte er ihnen beim Erstellen von Versuchsprotokollen helfen, so daß sie etwaigen Kritiken standhalten konnten. Er lud James Birchall, den ehrenwerten Schriftführer der *Liverpool Literary and Philosophical Society,* ein, und bat ihn, bei den Experimenten als neutraler Beobachter und Aufseher zu fungieren.

Miss Edwards und Miss Relph lebten und arbeiteten unter völlig anderen Umständen als Douglas Blackburn und George Albert Smith, aber die Ergebnisse ihrer Kern-ASW sind mit den von Smith erzielten Ergebnissen nahezu identisch.

Den Edwards-Relph-Experimenten fast auf den Fersen folgten die Zeichnungen der sehr jungen Kate Smith, die

Versuche mit ihrem älteren Bruder, Mr. J. W. Smith (nicht zu verwechseln mit G. A. Smith), Brunswick Place, Leeds, in Angriff genommen hatte. Über diese beiden Personen liegen uns nicht sehr viele Informationen vor, aber in den Archiven heißt es, daß J. Smith »ein hoch intelligenter junger Mann« war, »der sehr auf Vorsichtsmaßnahmen bedacht war, um augenscheinliche Fehler in Experimenten zu vermeiden«.

Sir William Fletcher Barrett führte selbst ein Interview mit diesem Geschwisterteam durch. Barrett war Professor der Physik am *Royal College of Science* in Dublin (von 1873 bis 1910) und einer der frühen, aber sehr namhaften psychischen Forscher. Er war Schriftführer der *British Society for Psychical Research,* und Kate Smith wurde unter seiner Leitung getestet. Ihre Zeichnungen weisen bemerkenswerte Ähnlichkeiten mit denen von G. A. Smith und Miss Edwards und Miss Relph auf.

Diese ersten Versuche mit Zeichnungen hatten sowohl auf die Wissenschaft als auch auf die Öffentlichkeit gewaltige Wirkungen. Die Begeisterung, sich an Gedankenübertragung und Zeichnungen zu versuchen, verbreitete sich bis nach Berlin und Paris und bis in die Vereinigten Staaten. Das Klima in den USA verbot allerdings eine wissenschaftliche Beschäftigung mit ASW, so daß dieser Bereich von der Welle nicht recht erfaßt wurde.

Im Jahre 1886 begann der berühmte deutsche Philosoph und Forscher der Ästhetik, Max Dessoir, mit seinen Zeichnungsversuchen. Max Dessoir ging im Bereich der Parapsychologie mit ungewöhnlichen Methoden vor, denn er untersuchte parapsychologische Phänomene nicht vom streng wissenschaftlichen, sondern vom ästhetischen Standpunkt aus, das heißt, er schuf eine Verbindung zwischen den Phänomenen der Parapsychologie und denen der Kunst. Seine Schriften über paranormale Phänomene sind ein wertvoller Beitrag für jeden, der die Komplikationen des ASW-Kerns verstehen will, denn er vergleicht sie mit den Problemen der Kreativität.

Max Dessoir schickte einen Beitrag über Gedankenübertragung an die SPR in England, die ihn 1888 veröffentlichte. Es ist ein kleiner Beitrag, aber er bestätigt nochmals die verblüffend genaue Arbeit der Kern-ASW.

Max Dessoir hätte sicherlich noch wesentlich mehr zu unserem Verständnis paranormaler Phänomene beitragen können, wäre es ihm erlaubt gewesen. Er gehörte zu den frühen Opfern der Nazis.

Eine von Dessoirs Zeichnerinnen war Frau von Goeler-Ravensburg, die sich auf in einem anderen Raum angefertigte Zeichnungen konzentrierte. Die von ihr zeichnerisch wiedergegebenen Eindrücke stimmten mit den Zielzeichnungen genau überein.

Zur selben Zeit wie die Dessoir-Experimente fand 1886 und 1887 in Paris der bedeutendste der frühen Zeichnungsversuche statt. Monsieur A. Schmoll experimentierte sowohl mit seinen Familienangehörigen und Freunden, als auch mit einem gewissen Monsieur J. E. Maibre. Die Einzelheiten dieser Experimente wären vielleicht verlorengegangen, hätte die *British Society* sie nicht 1888 veröffentlicht. Sie repräsentierten eine Tour de Force, die viele unterschiedliche Arten von Problemen enthüllt, auf die man bei dem Versuch, Zeichnungen anzufertigen, stoßen wird.

Schmolls Gruppe bestand aus den folgenden Personen: Mme D., 45 Jahre alt, die bei der Reproduktion von Zeichnungen im allgemeinen nicht erfolgreich war; Mlle Marthe D., 22 Jahre alt, die wenig Interesse zeigte; Mlle Jane D., 22 Jahre alt, die gesund, wenn auch in brisanter Verfassung war, aber eine sehr eindeutige Fähigkeit zur paranormalen Wahrnehmung verborgener Objekte und die Reproduktion von Zeichnungen aufwies; Mlle Eugenie Pl., eine Künstlerin von 30 Jahren, die unter Kopfschmerzen litt, aber eine ganze Reihe zufriedenstellender Ergebnisse erzielte; Mlle Louis M., 26 Jahre alt, die gute Ergebnisse erzielte, die Versuche aber wegen Krankheit einstellte; M. E. S., 30 Jahre alt, ein politischer Schriftsteller, wortstark und energisch, der nur als Sender paranormaler Informationen eingesetzt wurde, und Madame Schmoll, M. Schmoll und M. Maibre.

Viel mehr ist über diese Personen nicht bekannt, außer daß Schmoll sich für Hypnose interessierte und den psychischen Zustand der Zeichner mit luziden Zuständen verglich, die man während der Hypnose beobachten konnte. Keine dieser Personen hatte eine entwickelte Psi-Begabung, aber die Sammlung ihrer Zeichnungen gibt Zeugnis von dem impliziten Verlauf, den die Arbeit des ASW-Kerns nimmt.

Die Veröffentlichung all dieser frühen erfolgreichen Zeichnungen (und ihrer tieferen Bedeutung) hatte derweil die skeptischen Wissenschaftler dieser Zeit schockiert. Heftige Äußerungen des Zweifels an der Gültigkeit der Experimente waren an der Tagesordnung, und auch die Forscher selbst gerieten ins Kreuzfeuer der Kritik. Ihre Qualifikationen als Forscher wurden in Frage gestellt, mitunter sogar ihre Zurechnungsfähigkeit.

In Berlin veröffentlichte ein sehr unsympathischer gewisser Albert Moll im Jahre 1890 ein Buch mit dem Titel *Hypnose;* die englische Ausgabe kam etwas später im selben Jahr heraus. Moll vertrat das, was zur Standard-Anti-Psi-Strategie werden sollte, mit der die Phänomene der Kern-ASW, die mittlerweile als »höhere Phänomene« betrachtet wurden, ins rechte Licht gerückt werden sollten. Moll bestand beharrlich auf der Wahrscheinlichkeit eines Beweises dafür, daß die erzielten Ergebnisse auf eine Hyperschärfe der normalen Sinne zurückzuführen seien. Mit anderen Worten, man könne immer eine natürliche Erklärung finden, und die von den Forschern getroffenen Kontrollmaßnahmen, um eine Wahrnehmung durch die sensorischen Kanäle zu verhindern, seien immer unzureichend. Für ihn gäbe es nur eine einzige Reihe von Experimenten, bei denen Kontrollen nicht versagt haben konnten, und das waren die Experimente von Malcolm Guthrie. Moll gab zum Abschluß seiner Kritik an den Malcolm-Guthrie-Experimenten offen zu, daß er nicht gewillt sei, an diese Dinge zu glauben. Aber obwohl er sie nicht widerlegen konnte, sagte er, er sei »subjektiv davon überzeugt, daß einige Fehlerquellen übersehen worden seien und daß auf irgendeine Art und Weise Suggestion im Spiel gewesen sein müsse«.

Diese Taktik war bisher noch nie benutzt worden, um die erfolgreiche Parapsychologie mundtot zu machen. Wie überzeugend und gesichert ein Experiment auch sein mag: Die Kritiker treten immer wieder die Behauptung breit, daß die Forscher irgend etwas übersehen haben müssen, wodurch sich das Experiment als ein normales Erlebnis, das nichts Paranormales an sich hat, erklären läßt. Wenn die Kontrollen der Experimente unanfechtbar sind, wird der klare Verstand der Forscher in Frage gestellt.

Als erster Präsident der *Society for Psychical Research* beobachtete Henry Sidgwick schon im Jahre 1883: »Die Glaubwürdigkeit aller Berichte über Versuche hängt letztendlich von der Rechtschaffenheit und Intelligenz des Verfassers ab, und es ist uns und jedem anderen Forscher unmöglich, allen Personen, die uns nicht kennen, zu demonstrieren, daß wir nicht auf die idiotische Art und Weise nachlässig arbeiten oder bewußt betrügen.« Aber auch zu diesem Punkt fällt den Kritikern noch etwas ein. Sie bestehen darauf, daß dann, wenn die Forscher beweisen können, daß sie nicht bewußt betrügen, sie sich eines unbewußten Betrugs schuldig machen, der ihnen selber gar nicht auffällt. Brian Inglis bemerkt:

Es war unvermeidlich – um skeptische Akademiker davon zu überzeugen, daß psychische Forschungen »sauber« waren, mußten die Forscher so harte Kontrollen einführen, wie sie in keiner anderen akademischen Disziplin gefordert wurden; die Kontrollen waren darauf angelegt, nicht nur sicherzustellen, daß die Versuchspersonen nicht betrogen, sondern auch sicherzustellen, daß die Forscher selbst nicht betrogen. Das ganze Unternehmen stellte sich schließlich als sinnlos heraus. Menschen in Zwangsjacken werden als verrückt betrachtet.[2]

Heute besteht eine bekannte Taktik der Gedankenmani-

---

2 Brian Inglis; *Science and Parascience: A History of the Paranormal;* 1914–1939, Hodder and Stoughton, London, 1984, Seite 341

pulation darin, daß man eine Gruppe (wie die Parapsychologen sie darstellen) dadurch kontrolliert und unterdrückt, daß man ihr ein nicht recht einzukreisendes Schuldgefühl anhaftet. Solange die Zielgruppe es akzeptiert, daß sie vielleicht wirklich irgendwie schuldig sein könnte, bleibt sie introvertiert und in kreativer Hinsicht unproduktiv. Alle Mittel richten sich auf den Versuch, das Schuldgefühl zu beseitigen, was völlig unnötigerweise besteht. Wie bereits erwähnt, wandte Moll diese Taktik zuerst an, und sie hat bis heute überlebt.

Die Beweislast tragen die Parapsychologen, aber nur in dem von der Wissenschaft normalerweise geforderten Ausmaß. Dies brauchen sie nicht zu überbieten, das heißt, sie brauchen sich nicht selbst auch noch unter Beweis zu stellen. Die Last des Gegenbeweises liegt bei den Kritikern. Wie Inglis hervorhob: »Die Kritiker haben in der Vergangenheit immer wieder den Fehler begangen, vorgebrachte Beweise sozusagen aus zweiter Hand zu kritisieren, oft ausgehend von früheren, ebenfalls aus zweiter Hand stammenden Kritiken und ohne die Originalquellen zu untersuchen. Diese Kritiker gibt es immer noch – und zwar reichlich.«[3]

Was den Beweis für die Glaubwürdigkeit der Zeichnungen anbetrifft, so fällt diese Arbeit nicht in den Bereich der parapsychologischen Forschung. Zeichnungen sind ohne weiteres erhältlich. Alles, was man braucht, sind zwei vertrauenswürdige Menschen mit einer Wand zwischen ihnen und einem Zielobjekt. Die Kritiker und Skeptiker können dieses einfache Experiment selber durchführen. Wenn man annimmt, daß ihre Ehrlichkeit, sei sie nun bewußt oder unbewußt, außer Frage steht, werden einige von ihnen zweifellos eine Aktivierung ihres eigenen ASW-Kerns erreichen.

Nun, alles in allem führte diese offenkundig unfaire Herangehensweise der Kritiker in Verbindung mit dem Riesenskandal in Sachen George Albert Smith zu einer Atmosphäre, in der die nachfolgenden Forscher die

3 ebenda, Seite 15

Beschäftigung mit Zeichnungen vorsichtshalber aufgaben. Dennoch wurden auch solche Versuche weiterhin durchgeführt, und sie waren noch enthüllender als die früheren.

Am 15. Januar 1890 begann Baron Albert von Schrenck-Notzing (1862–1929) in München mit einer Reihe von Gedankenübertragungsversuchen mit einem jungen Mann, der in der Literatur nur als Graf S. (20 Jahre alt) bezeichnet wird, und einer jungen Frau, Fräulein A. Das ist alles, was wir über diese beiden Zeichner wissen. Dr. Schrenck-Notzing war ein deutscher Pionier der psychischen Forschung und gleichzeitig ein auf Psychiatrie spezialisierter Arzt. Er war einer der produktivsten aller berühmten frühen psychischen Forscher, obwohl seine Arbeit von anderen, weniger produktiven, aber populären Forschern in den Schatten gestellt wurde; außerdem wurde ein großer Teil seiner Arbeit nicht ins Englische übersetzt.

Schrenck-Notzing sammelte enorm viele Beweise und forschte und arbeitete mit einigen der berühmtesten europäischen Sensitiven und Medien. Im Rahmen unseres Ziels, die Kern-ASW zu enthüllen, werden wir auf die Arbeit mit Graf S. und Fräulein A. noch zurückkommen.

Die frühen Zeichnungsunterlagen, die die Kern-ASW exzellent widerspiegelten, gerieten während des Ersten Weltkriegs in Vergessenheit.

Im Jahre 1925 trat die zeichnerische Demonstration der Kern-ASW durch die Versuche mit René Warcollier (1881–1962) erneut in Erscheinung. Auf der Grundlage dieser frühen Bemühungen veröffentlichte Warcollier schließlich ein Buch, in dem die verschiedenen Elemente der Kern-ASW klar dargelegt werden.

Warcollier war Verfahrensingenieur und Autor, der Interesse an paranormalen Dingen gewann. Neben seiner Arbeit als Verfahrensingenieur beschäftigte er sich mit der Natur der Telepathie und arbeitete in Experimenten mit dem bemerkenswerten Eugene Osty und Cesar de Vesme zusammen. Zwischen 1951 und 1962 war er Präsident des *Institut Metapsychique International* in Paris und gab dessen Zeitschrift, die *Revue Metaphychique,* heraus.

Alles in allem ist die Arbeit von Warcollier von größter Bedeutung, denn er nahm die Methode wieder auf, paranormale Informationen durch Skizzen wiederzugeben.

Im Jahre 1928 kam ein Beitrag aus den Vereinigten Staaten, der wiederum die Berechtigung der Zeichnungen bestätigte. Er kam aus einer sehr unerwarteten Quelle.

Upton Sinclair scheint auf den ersten Blick zu dem Menschenschlag zu gehören, von dem man erwartet, daß er der ASW und deren tieferen Sinn ablehnend gegenübersteht. Im Laufe seines Lebens von 1878 bis 1968 schrieb er mehr als acht Bücher über Themen der sozialen und industriellen Reform. Er war Sozialist, und sein Roman *Der Dschungel* (1906), eine ungewöhnlich lebensnahe Schilderung der Zustände in den Schlachthöfen von Chicago, rief in der Öffentlichkeit einen hohen Grad an Entrüstung hervor und führte zur Reformierung der Nahrungsmittelgesetze des Bundes. Er gründete eine kurzlebige sozialistische Gemeinschaft, die *Helicon Home Colony.* Im Jahre 1934 verlor er als Kandidat der Demokraten die Wahlen für den Governeurposten in Kalifornien.

Zu seinen Romanen, in denen er soziale Übel offenlegt, zählen *König Kohle* (1917), *Öl!* (1927), *Boston* (über den Sacco-Vanzetti-Fall, 1928) und *Little Steel* (1938). Seine Sozialstudien umfassen unter anderem *Der Sündenlohn* (1917) und *The Goose-Step* (1923). Für seinen Roman *Drachenzähne* (1942)[4] erhielt er den Pulitzer-Preis.

Upton Sinclairs Interesse an ASW ist vielleicht überraschend, da der stark materialistisch orientierte Unterbau, der den meisten sozialistischen Auffassungen zugrunde liegt, die Sozialisten darauf festzuschreiben scheint, nichtmaterielle Phänomene von der Hand zu weisen, ohne überhaupt die Tatsachen zu untersuchen.

Einen guten Einblick in Sinclairs Auffassung erhalten wir durch sein Buch *Mental Radio,* in dem er von den Experimenten mit seiner Frau Mary Craig Sinclair erzählt.

---

4 Anm. d. Übers.: Genannt sind die Erscheinungsjahre der englischsprachigen Bücher.

Ich fing an, Bücher über psychische Forschung zu lesen. Vom ersten bis zum letzten habe ich Hunderte von Bänden gelesen; immer interessiert und immer unsicher – ein unangenehmer geistiger Zustand. Die Beweise für die Existenz der Telepathie schienen mir schlüssig, aber so richtig real erschien sie mir auch nicht. Die Konsequenzen, daran zu glauben, wären so ungeheuerlich, die Veränderungen, die ich in meiner Weltanschauung vornehmen müßte, so revolutionär, daß ich nicht daran glaubte, selbst wenn ich das Gegenteil behauptete. Aber das Thema gehörte schon seit dreißig Jahren zu den Dingen, über die ich etwas zu erfahren hoffte, und das Schicksal hatte günstige Pläne mit mir. Es schickte mir eine Ehefrau, die sich dafür zu interessieren begann und die Telepathie nicht nur untersuchte, sondern auch zu praktizieren lernte. Seit drei Jahren beobachte ich diese Arbeit Tag für Tag und Nacht für Nacht in unserem Haus. Und ich kann schlußendlich sagen, daß das Rätseln ein Ende gefunden hat. Jetzt weiß ich es wirklich. Ich werde Ihnen darüber berichten und hoffe, Sie überzeugen zu können. Und was andere auch immer behaupten mögen, ich werde nie wieder Zweifel hegen. Ich weiß![5]

Der interessierte Leser wird sich sicherlich daran machen, eine Ausgabe von Sinclairs Buch mit seinen Hunderten von Beispielen für Zeichnungen ausfindig zu machen. In den Fällen, in denen Zeichnungen angefertigt wurden, wird die Existenz der Elemente der Kern-ASW belegt.

Mary Craig Sinclair arbeitete mit einem Mann namens Bob Irwin. Dieser fertigte Zeichnungen an, die sie durch ASW zu reproduzieren versuchte. Später fertigte Mr. Sinclair die Zielzeichnungen für sie an.

Mary Craig saß grundsätzlich hinter einer geschlossenen Tür in einem anderen Raum. Angesichts der Tatsache, daß einige Versuche über Entfernungen von vielen Meilen

5 Upton Sinclair: *Mental Radio;* Werner Laurie, London, 1930, Seite 10

angestellt wurden, hob Sinclair allerdings hervor, daß »Sie sich (selbst) davon überzeugen können, daß die telepathische (Informations-)Energie, wie sie auch immer beschaffen sein mag, keinen Unterschied zwischen dreißig Fuß und vierzig Meilen macht. Die Ergebnisse mit Bob und mir waren dieselben«.

Obwohl Mental Radio im amerikanischen Bewußtsein mehr oder weniger wie eine Bombe einschlug, wurde der tiefere Sinn dahinter nicht verstanden. Es wurde zwar allgemein eingeräumt, daß das Buch der ASW öffentliche Rückendeckung verschafft hatte, aber von den offiziellen wissenschaftlichen Forschungsgruppen in den Vereinigten Staaten wurde es nicht beachtet.

Es gibt kaum Beweise für eventuelle weitere Zeichnungsanfertigungen. Das Verfahren der Zeichnungsanfertigung kam erst 1971 wieder ans Tageslicht, als ich im Zuge der Experimente zu außerkörperlichen Erfahrungen an der ASPR ohne Wissen der hier genannten Fakten vorschlug, mit dieser Technik zu arbeiten.

Als ich Ende 1972 eingeladen wurde, an Vorversuchen am *Stanford Research Institute* (heute *SRI International*) teilzunehmen, war ich bereits zu einer Einschätzung der primären Bedeutung der Zeichnungsanfertigungstechnik gekommen. Als ich 1973 in das Projekt der *SRI International* einstieg, bestand einer meiner ersten Beiträge darin, die Bedeutung der Zeichnungsanfertigung hervorzuheben. Infolge meines nachdrücklichen Drängens und der von mir angeführten Beweise wurde diese Methode zur Sammlung der ASW-Rückmeldungen von den Mitarbeitern des *SRI International* übernommen, obwohl die Methode der Wortfindung auch noch nach wie vor benutzt wurde.

Zusammenfassend läßt sich sagen, daß die Arbeit des *SRI International* gerade durch diese zunehmend erfolgreichen Zeichnungen zu weltweitem Ruhm gelangte.

Das genannte Projekt wurde bis August 1985 von Harold E. Puthoff geleitet. Dann nahm er eine Stelle beim *Institute for Advanced Studies* in Austin an. Mit einer selten anzutreffenden Kombination aus Mut und Zähigkeit hielt er das Projekt auch in streßbeladenen Zeiten aufrecht. Puthoff wurde 1936 in Chicago geboren, erhielt als Elektroingenieur an der *Stanford University* seinen Doktortitel und beaufsichtigte Forschungen für Ph. D. Kandidaten im Bereich des Elektroingenieurwesens und der angewandten Physik an der *Stanford University.* Er trug die Verantwortung für die Entwicklung eines gepulsten Raman-Lasers, der Hochleistungsstrahlen durch Infrarotsektionen des Spektrums produzierte, und ist Mitautor eines Standardbuches über Laser. Es war mir ein Vergnügen, auf dem Gebiet der Psychoenergetik mit ihm zusammenzuarbeiten und bei der Untersuchung vieler Aspekte der paranormalen Phänomene sein Kollege gewesen zu sein.

Am bekanntesten ist das Psychoenergetik-Projekt durch die Entwicklung von Versuchen zur Fernwahrnehmung geworden. Fernwahrnehmung ist eine Mischung aus dem, was man normalerweise als Gedankenübertragung, Telepathie und Hellsehen bezeichnete. Es handelt sich um einen Vorgang, bei dem ein Viewer (Betrachter; früher Proband oder Sensitiver) Informationen über einen entfernten Ort wahrnimmt und versucht, diesen Ort − oftmals unter Angabe vieler Einzelheiten − zu beschreiben, bevor er ihn genannt bekommt.

Die Ergebnisse dieser Experimente demonstrieren die ASW des rohen Kerns und sind oft nahezu identisch mit den besprochenen früheren Arbeiten. Die Arbeit zum Thema Fernwahrnehmung ist aus zwei Gründen sehr solide. Erstens ist man dabei zur Technik der Zeichnungsanfertigung zurückgekehrt und zweitens haben Menschen aus allen Lebensbereichen, die sehr erfolgreich waren, daran teilgenommen. Wieder einmal wurde der Vorrat brachliegender ASW-Fähigkeiten angezapft, und wieder einmal wurde die weitverbreitete Existenz dieser Fähigkeiten im Spektrum der menschlichen Talente unter Beweis gestellt.

Der Versuchsverlauf, der in Zusammenhang mit dem Psychoenergetik-Projekt am SRI Anwendung fand, wurde in der ganzen Welt kopiert, so daß andere Forscher zu ähnlichen Ergebnissen kommen konnten.

Mit einigen wenigen Ausnahmen wurde fast die gesamte Arbeit am SRI mit Personen durchgeführt, die sich zum ersten Mal in der Fernwahrnehmung versuchten. Sehr wenige von ihnen hatten ihre Psi-Begabung selbst entdeckt. Es waren also ganz gewöhnliche Leute. Die Versuche wurden unter Anwendung mehrerer Methoden durchgeführt. Bei einigen wurden Gegenstände in Dosen oder in einem anderen Raum hinterlegt, bei anderen begab sich eine Person an einen dem Viewer unbekannten Ort, und dieser versuchte zu einem vorher abgesprochenen Zeitpunkt, diesen Ort zu beschreiben (und zu zeichnen). In einem oder zwei Fällen wurde mit geographischen Koordinaten gearbeitet, aber nur, um einen weit entfernten Ort auszumachen, der dem Viewer völlig unbekannt war.

Die in dieses Buch aufgenommenen Beispiele von SRI-Zeichnungen umfassen unter anderem meine eigenen und die von Hella Hammid. Als Hella Hammid sich zum ersten Mal freiwillig für Experimente am SRI zur Verfügung stellte, war ihr völlig unbekannt, daß sie über ASW-Fähigkeiten verfügte. Sie war eine sehr kultivierte Frau aus Australien und eine bekannte Photographin. Als sie zum ersten Mal den Bleistift ansetzte, um ihre ASW-Eindrücke festzuhalten, arbeitete ihr Kern genauso gut wie der ihrer Vorgänger, mitunter sogar besser.

Zweck dieser kurzen Geschichte ist es, aufzuzeigen, daß Bilder, die die Kern-ASW demonstrieren, von Personen aus allen Lebensbereichen angefertigt wurden. Was diese Personen miteinander vereint, ist die Tatsache, daß alle versuchten, ihre ASW-Eindrücke anhand einer Zeichnung wiederzugeben. Aufgrund dieses Verfahrens können drei Faktoren festgehalten und bestätigt werden:

- Die Annahme, daß in jedem von uns ein ASW-Kern liegt, ist berechtigt.
- Durch die Methode der Zeichnungsanfertigung erhält man präzisere Informationen über ein verborgenes Objekt, als durch die Methode der Wortfindung, die Ungenauigkeiten und Fehlinterpretationen mit sich bringt.

– Wenn wir die vorhandenen Zeichnungen miteinander vergleichen, können wir die stattfindenden vorbewußten Vorgänge kategorisieren und lernen, den bewußten Empfang der ASW-Informationen zu verbessern, indem wir die offensichtlichen Schwierigkeiten beobachten, mit denen die Informationen kämpfen, wenn sie das Bewußtsein zu erreichen versuchen.

9. Bemerkenswerte Zeichnungen

Lassen Sie mich Ihnen jetzt zwei Arten von Phänomenen zeigen, die der ASW-Kern produzieren kann.

Bei der ersten nachfolgend gezeigten Serie von Beispielen (Abbildungen 1 bis 9) funktionierte der ASW-Kern der Versuchsperson ohne Hindernisse, und die tatsächlichen Elemente der Zielzeichnung wurden mehr oder weniger korrekt wahrgenommen. Bei der zweiten Serie (Abbildungen 10 bis 18) wurde der Kern offensichtlich behindert, aber alle Versuchspersonen bekamen eine allgemeine Vorstellung davon, was die Zielzeichnung darstellte.

Der große Unterschied zwischen den offensichtlichen Funktionen des ASW-Kerns mag zunächst verborgen bleiben. Beide Serien würden in jedem parapsychologischen Versuch als »Treffer« anerkannt. Aber während die erste Serie eine ungehinderte Arbeit des Kerns zeigt, sehen wir bei der zweiten Reihe, daß die ASW-Information vom Bewußtsein übernommen wurde, welches dann wiederum nur eine intellektbedingte, wenn auch richtige Vorstellung von der Zielzeichnung gewann. Bei der zweiten Serie hat kein direkter festverdrahteter Kontakt mit der Zielzeichnung bestanden: Das Ergebnis ist von Manifestationen geistiger Tätigkeiten durchsetzt. Die Zielzeichnungen wurden durch Einschalten des Intellekts ein wenig verändert, der den Bewußtseinsinhalten entsprechend eine Vorstellung und ein Wort zu finden suchte.

Im zentralen Vorgang hat eine dynamische Verschiebung des Brennpunktes stattgefunden. Nicht mehr die paranormale Information, sondern irgendeine Stelle im Intellekt steht im Brennpunkt der Aufmerksamkeit. Dort wird versucht, die Information mit etwas Bekanntem in Verbindung zu bringen.

Dies ist eine der ersten dynamischen Abweichungen, die jedem von Ihnen im Zuge der eigenen Versuche unterlaufen wird.

Die Zeichnungen der beiden folgenden Serien wurden von neun unterschiedlichen Personen angefertigt und umfassen insgesamt einhundert Jahre. Mit dem, was Sie bis jetzt gelernt haben, werden Sie jetzt die großen Ähnlichkeiten der Zeichnungen sowohl im Hinblick auf die Ausführung selbst als auch im Hinblick auf die Schwierigkeiten feststellen, die durch die Einmischung der Gedanken auftraten.

Lassen Sie mich zuvor noch bekräftigen, daß diese Versuche meiner Ansicht nach unter unanfechtbaren Bedingungen durchgeführt wurden. Sie werden − und das ist wichtig − bei Ihren eigenen Versuchen herausfinden, wie einfach es geht. Viele von Ihnen werden Spaß daran finden, sich auf den eigenen ASW-Kern zu konzentrieren und Ergebnisse zu erzielen, die den hier gegebenen ähnlich sind.

Was wir erreichen wollen, ist die Aktivierung des ASW-Kerns in Ihnen. Nur anhand dieser Methode kann ein neues Zeitalter der ASW dort entstehen, wo es hingehört, nämlich bei Menschen, die mutig genug sind, sich auf dieses Gebiet vorzuwagen.

Abbildung 1

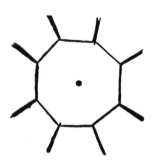 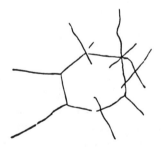

Zielzeichnung

Rückmeldung
George Albert Smith (1882)

Abbildung 2

Zielzeichnung

Rückmeldung
Miss Edwards (1883)

Abbildung 3

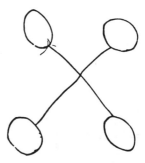

Zielzeichnung

Rückmeldung
Miss Kate Smith (1884)

Abbildung 4

Zielzeichnung

Rückmeldung
R. Warcollier (1929)

125

Abbildung 5

 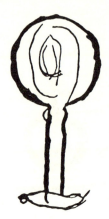

Zielzeichnung

Rückmeldung
M. Maibre-Serie (1887)

Abbildung 6

 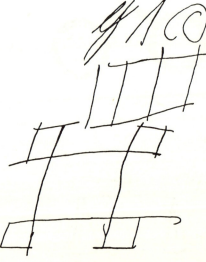

Zielzeichnung

Rückmeldung
Fräulein A. (1890)

Abbildung 7

Zielzeichnung

Rückmeldung
Mary Craig Sinclair (1929)

Abbildung 8

Zielzeichnung

Rückmeldung
Ingo Swann (1973)

Abbildung 9

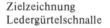
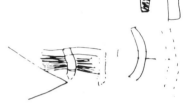

Zielzeichnung
Ledergürtelschnalle

Rückmeldung
»Der stärkste Eindruck
ist der eines Gürtels.«
Hella Hammid (1979)

Bei einer Betrachtung der neun vorstehenden Abbildungen werden Sie bemerkt haben, daß Zielzeichnung und Rückmeldung der Versuchsperson fast identisch sind. Und bedenken Sie, daß diese spektakulären Ergebnisse erzielt wurden, als die Zielzeichnungen den Sinnen des Probanden verborgen und nur anhand außersinnlicher Mittel zugänglich waren.

Angesichts der Genauigkeit dieser Ergebnisse werden Sie vielleicht denken, daß es sich hier um hochentwickelte oder talentierte Menschen gehandelt hat, aber das war ganz und gar nicht der Fall. Keine der neun Versuchspersonen hatte irgendwelche Erfahrungen mit paranormalen Leistungen. Die erzielten bemerkenswerten Resultate zeigen, daß in jedem von uns ein Psi-Nukleus und ein ASW-Kern existiert, die bei allen gezeigten Beispielen beide auf natürliche Art und Weise arbeiteten und somit diese Resultate hervorbringen konnten.

Der natürliche ASW-Kern arbeitet allerdings nicht immer so hervorragend. Andere, durch Bewußtseinsfunktionen erzeugte geistige Bilder können der reinen Psi-Wahrnehmung eines gegebenen Talents in den Weg geraten und deren Genauigkeit verringern. Wenn eine solche Störung nicht lokalisiert, verstanden und überwunden wird, kann nicht sinnvoll trainiert werden. In der Tat, ein Verständnis der Ursachen der ASW-Minderung ist wahrscheinlich der erste Schritt eines ASW-Übungskurses. Bevor wir uns damit eingehender beschäftigen, wollen wir uns einige Beispiele ansehen, bei denen der ASW-Kern zwar funktionierte, aber nicht ganz genaue Ergebnisse erzielte.

Die neun folgenden Beispiele stammen von denselben Personen wie die vorstehenden, wurden unter den gleichen Umständen und in denselben Zeiträumen angefertigt. Sie werden bemerken, daß die Versuchspersonen bei diesen Abbildungen die Zielzeichnung nicht genau erkennen konnten, sondern nur eine allgemeine Vorstellung von ihr bekamen.

Abbildung 10

Zielzeichnung

Rückmeldung
George Albert Smith (1882)

Abbildung 11

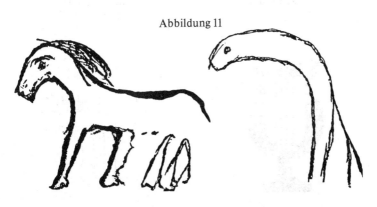

Zielzeichnung

Rückmeldung
Miss Edwards (1883)

Abbildung 12

Zielzeichnung

Rückmeldung
Miss Kate Smith (1884)

Abbildung 13

Zielzeichnung

Rückmeldung
R. Warcollier (1929)

Abbildung 14

Zielzeichnung

Rückmeldung
M. Maibre-Serie (1887)

Abbildung 15

Zielzeichnung

Rückmeldung
Fräulein A. (1890)

Abbildung 16

Segelboot

Rückmeldung
(In diesem Fall wurde die all-
gemeine Vorstellung vom ASW-
System in Worte umgewandelt)
Marie Craig Sinclair (1929)

Zielzeichnung

Abbildung 17

Zielzeichnung

eine Flagge?

Rückmeldung
(Wiedergabe der allge-
meinen Vorstellung als
Skizze, dann unmittelbare
Umwandlung in Worte)
Ingo Swann (1973)

Abbildung 18

Zielzeichnung
aufgerolltes Blatt

Rückmeldung
Eine Nautilus-Form mit einem Schwanz
Hella Hammid (1977)

Bei den Abbildungen 10 bis 18 wurden die einfließenden Psi-Signale zur Zielzeichnung durch einen zusätzlichen Kanal verarbeitet und beim Durchlaufen des ASW-Kerns behindert. Einfließende Psi-Signale werden durch mehrere geistige Schichten verarbeitet, die ihrerseits dazu tendieren, die Genauigkeit der ursprünglichen oder ursprungsgetreuen außersinnlichen Wahrnehmung zu mindern. Die Behinderung kann so mächtig werden, daß Übereinstimmungen zwischen Zielmaterial und Rückmeldung der Versuchsperson ganz ausbleiben. Obwohl jede dieser neun Personen auch unverfälschte, genaue Ergebnisse erzielt hatte, konnte diese Leistung in einem Zeitraum nur einmal erbracht werden. Oft scheiterten sie bei der Identifizierung der Zielzeichnung vollends.

Aus all dem läßt sich entnehmen, daß der rohe ASW-Kern trotz seiner Fähigkeit, spontane, unverfälschte und genaue ASW weiterzugeben, auch anderen geistigen Funktionen unterworfen ist. Die mentalen Anlagen des Individuums mischen sich oft ein, und die Person fängt an, die Zielzeichnung erraten zu wollen. Dieser Vorgang kann mitunter ein solches Ausmaß annehmen, daß die paranormale Information, die durch den primären ASW-Kern einzufließen versucht, das aktive Bewußtsein gar nicht erst erreicht. Die Person identifiziert nicht die Zielzeichnung, sondern nicht dazugehörende Dinge, die »sie im Kopf hat«. Dieses nachteilige Phänomen wird in der modernen Parapsychologie als »Geräusch« bezeichnet und gleicht den atmosphärischen Geräuschen auf einer Rundfunkfrequenz. Ein sehr treffender Vergleich! Es ist wirklich so, als würden mehrere Radiosignale auf derselben Frequenz zusammenlaufen, mit dem Ergebnis, daß das, was man eigentlich hören will, völlig untergeht.

Wer sein eigenes ASW-Potential perfektionieren will, muß deshalb etwas über diese Geräusche in Erfahrung bringen, wobei besonders die Literatur hilft.

Ich will dieses Kapitel aber nicht mit dem verdrießlichen Thema der ASW-Geräusche beenden, sondern wieder Hoffnungen wecken, indem ich drei Beispiele für ungehinderte oder fast ungehinderte Rohkern-ASW aufzeige mit Zielzeichnungen, die (meine Erfahrungen können das bestätigen) sehr, sehr schwierig sind, nämlich Buchstaben des Alphabets. Die Buchstaben A, B und ABC des Alphabets wurden bei den Abbildungen 19 bis 21 als Zielzeichnungen benutzt. Der primäre, ungehinderte ASW-Kern verarbeitete die genauen Informationen klar und deutlich.

Jeder dieser »Alphabet-Versuche« bestätigt eines der schwierigen Phänomene des ASW-Kerns. Keine Versuchsperson hatte eine Ahnung davon, daß die Zielzeichnungen aus Buchstaben bestehen würden. Als die Psi-Signale durch den ASW-Kern einzufließen begannen, schienen sie in Fragmenten und kleinen Stücken aufgenommen zu werden. Dies war schon bei Smiths frühen Zeichnungen der Fall. Der Versuchsleiter bemerkte dazu, »das geistige Bild« sei sozusagen stückweise »aufgeleuchtet«.

Abbildung 19

Zielzeichnung

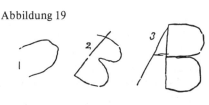

Rückmeldung
George Albert Smith (1882)

133

Abbildung 20

Zielzeichnung

Rückmeldung
Fräulein A. (1890)

Abbildung 21

ABC

Es müssen Buchstaben sein

Zielzeichnung

Rückmeldung
Ingo Swann (1973)

Sie werden bemerkt haben, daß George Albert Smith bei dieser aus kombinierten Buchstaben bestehenden Zielzeichnung (Abbildung 19) mehrere Anläufe nehmen mußte, um die AB-Beziehung herauszufinden. Schließlich gelang es ihm ganz hervorragend.

Mehrere Jahre später erhielt Fräulein A. eine fast identische Zielzeichnung (Abbildung 20). Sie schaffte das B gar nicht und mußte ebenfalls mehrere Anläufe nehmen.

Viele Jahre später wurde mir im Zuge der Arbeit mit einer unabhängigen Gruppe, die an der Entwicklung dieser Art von Psi-Leistungen interessiert war, eine ABC-Zielzeichnung (Abbildung 21) in einem versiegelten Umschlag übergeben. Ich hatte keine Ahnung, daß die Zeichnung aus

Buchstaben bestand. Ich kann mich erinnern, daß es eine schwierige Zielzeichnung war, aber als ich das A erkannt hatte, schloß ich, daß es sich um Buchstaben handeln mußte. Sie werden bemerkt haben, daß ich sie nicht alle erfaßt habe, aber es war ein Anfang.

Es ist zweifellos sehr erfreulich, solch spontane, unverfälschte Ergebnisse zu erzielen, wie sie in diesen Abbildungen wiedergegeben werden. Ergebnisse wie diese weisen auf eine potentiell hochbegabte Person hin. Aber um aus ihnen lernen zu können, benötigen wir Beispiele von *nicht richtig funktionierender* Kern-ASW. Nur durch Fehler können wir lernen, herauszufinden, worauf man sich fixieren oder was man kontrollieren muß. Ohne eine ganze Menge solcher Fehlfunktionsbeispiele ist nur eine geringe Entwicklung möglich.

An späterer Stelle in diesem Buch werden wir die Ähnlichkeiten untersuchen, die die fehlerhaften ASW-Ergebnisse aufweisen, und lernen, die Fehlerquelle zu identifizieren. Alles in allem läßt sich feststellen, daß die Versuchspersonen immer nur dann das Zielmaterial nicht »erhielten«, wenn »Geräusch«-Schichten im Spiel waren. Eine Untersuchung dieser »geräuschvollen Ergebnisse« enthüllt den wichtigen Aspekt, daß das Geräusch oder die Fehlfunktion bei allen Individuen, die mehrere ASW-Tests durchliefen, identisch war.

Dies zeigt, daß wir alle identische geistige Ebenen haben, durch die die einfließenden ASW-Informationen verarbeitet oder »fehlverarbeitet« werden können. Wenn Sie mit Ihren eigenen Experimenten beginnen, werden Ihnen die Teilerfolge am meisten über die eigene Kern-ASW sagen können.

10. Unglauben und Vertrauen in das tiefere Selbst als Einflußfaktoren

Bevor Sie sich daran machen, das Potential Ihres ASW-Kerns einzukreisen, sollten Sie sich darüber klarwerden, daß Ihr *Glaube* an die Existenz paranormaler Talente für einen endgültigen Erfolg eine wichtige Rolle spielen kann.

Wenn die geistige Verschalung einer Person mit unsinnigen Vorstellungen und Anschauungen zugewuchert ist, nach denen außersinnliche Wahrnehmung und externalisiertes Auffassungsvermögen nicht existieren, kann diese Person Schwierigkeiten haben, die Natur des eigenen Psi-Nukleus zu erfahren. Sie verfügt zwar über einen Psi-Nukleus, ob ihr diese Vorstellung nun zusagt oder nicht, aber die angelernten Bewußtseinsinhalte können jeglichen Hinweis auf diesen Nukleus unterdrücken.

Stellen Sie sich folgende Szene vor. Der ASW-Kern einer Person, die an diese Tatsachen nicht glaubt, versucht, ein paar für diese Person vorteilhafte Informationen aus der zweiten Realität in ihr Bewußtsein zu senden. Ihr Bewußtsein und die erworbenen Inhalte können dies nicht tolerieren und setzen dem unverzüglich eine Reihe von Widerständen aus dem Bewußtsein entgegen, die hinunterfließen, um die einfließenden Psi-Informationen unkenntlich zu machen. Es ist so wie mit den weißen Blutkörperchen, die sich versammeln, um einen fremden Virus oder Bakterien zu vernichten. Die weißen Blutkörperchen sind Teil des natürlichen Verteidigungssystems. Wenn es stimmt, daß alle Menschen einen Psi-Nukleus und einen ASW-Kern besitzen, dann ist das dem Bewußtsein entspringende Verteidigungssystem gegen einfließende Psi-Informationen in gewissem Maß unnatürlich und mehr von der Art einer kulturell induzierten Immunisierung gegen paranormale Erfahrungen.

Der Unglaube hat eine gewisse Macht über die Gedankengänge einer Person und über die Art, wie sie auf Ereignisse in der Umwelt reagiert. Eine Person, die an etwas nicht glaubt, nimmt selten Tatsachen zur Kenntnis, die diesem Unglauben zuwiderlaufen. Das alte Sprichwort, daß Menschen nur das sehen, was sie sehen wollen, bestätigt sich immer wieder, besonders im Hinblick auf paranormale Talente, selbst wenn es sich um das eigene handelt.

Der Kreis der vehementesten Verleumder der parapsychologischen Forschung setzt sich größtenteils aus Personen zusammen, die zugegeben haben, daß ihre gesamte Weltanschauung sich als falsch herausstellen würde, wenn paranormale Fähigkeiten wirklich existieren sollten. Dabei beziehen sie sich natürlich nicht auf die Realität, die von den fortgeschrittenen Wissenschaften noch zu entdecken bleibt. Es wird immer neue Realitäten geben, die noch nicht entdeckt sind. Nein, es geht ihnen um den Erhalt des Gleichgewichts ihrer individuellen Realität, ein intellektuelles Gleichgewicht, das auf erworbenen Erfahrungen und Angelerntem (oder falsch Angelerntem) basiert.

Wenn diese Kritiker nicht beweisen können, daß sie wirklich alles Wissenswerte wissen, ist ihre ablehnende Haltung gegenüber der ASW und den damit verbundenen Phänomenen nicht gerechtfertigt. Ihre Realität wird durch reichliche und gründliche Beweise belegt. Trotzdem *sind* die Realitäten der Kritiker ihre Realitäten, und für sie existiert die ASW wirklich nicht. Dies *ist eine* Realität. Die Realität der Kritiker, nicht die des Psi-Nukleus aller anderen Menschen. Das *ist eine andere* Realität.

Wenn man es sich richtig überlegt, kann es so etwas wie sich gegenüberstehende Realitäten nicht geben. Was real ist, ist real. Wenn Menschen glauben, daß sich zwei Realitäten gegenüberstehen, dann ist an einer der beiden »Realitäten« etwas falsch.

Das natürliche Universum oder der Kosmos geben uns keinen Anlaß, von »sich gegenüberstehenden Realitäten« auszugehen. Nein, das natürliche Universum und der Kosmos stellen eine hoch ausgeklügelte Harmonie von Realitäten dar, deren Natur die Kosmologen erst kürzlich noch in Erstaunen versetzt hat. Einige Aspekte dieser Harmonie mögen grausam erscheinen, weil beispielsweise alle Lebensformen andere Lebensformen verschlingen müssen (Löwen fressen Gazellen), um überleben zu können. Aber hinter diesen grausam anmutenden Aspekten verbirgt sich eine höhere Harmonie des Ökosystems.

Der Mensch scheint die einzige Lebensform zu sein, die künstliche Realitäten schafft, und diese Pseudorealitäten widersprechen sich dann. Oft sind sie so angelegt, daß viele – wirklich reale Dinge – darin keinen Platz mehr finden.

Wenn der Intellekt einer Person sich stark gegen die Existenz der ASW wehrt, wird sie wohl kaum erfreut sein, diese Fähigkeit in sich selbst – oder bei anderen – zu entdecken. Eine Person, die der Existenz der ASW gegenüber wohlgesonnen ist, wird bessere Chancen haben, ihre Fähigkeit bei einem Psi-Test aufzudecken. Diese Behauptung konnte durch genaueste Forschungen bewiesen werden, bei denen sowohl Widersacher als auch Befürworter der ASW getestet wurden.

Dr. Gertrude Schmeidler, eine der führenden Parapsychologinnen in Amerika, besitzt so viel Einfühlungsvermögen, daß sie sich mit den Problemen, die Menschen mit der ASW haben, recht gut identifizieren kann. Im Laufe ihrer langen Karriere führte sie viele neutral angelegte Versuche zur grundlegenden Natur paranormaler Talente durch und schrieb viele anregende Aufsätze und Bücher über dieses Thema.

Schon 1945 interessierte sich Dr. Schmeidler für die Frage, wie Widersacher und Befürworter bei ASW-Tests abschneiden. Sie bezeichnete die Befürworter als »Schafe« und die Widersacher als »Ziegen«. Ihre erste Abhandlung mit dem Titel »Separating the Sheep from the Goat« (Die Schafe von den Ziegen trennen) veröffentlichte sie im Jahre 1945 im *Journal of the American Society für Psychical Research*. Als Resultat kam die Schafe-Ziegen-Hypothese als allgemeines Konzept der Parapsychologie in Mode, wenn man auf den Einfluß von Glauben und Einstellung auf den Erfolg von ASW-Versuchsergebnissen Bezug nehmen wollte.

Dr. Schmeidler führte langwierige, gut kontrollierte Versuche durch, wobei sie zuerst die Versuchspersonen in zwei Gruppen unterteilte. Eine Berechnung des Durchschnitts der ASW-Ergebnisse zeigte, daß die »Schafe« besser abschnitten als die »Ziegen«. Die durchschnittlichen Unterschiede nach Auswertung der Ergebnisse waren sehr gering, aber Dr. Schmeidlers Datenbank war groß genug, um den Unterschied signifikant zu machen.

Die »Schafe« wiesen vereinzelt relativ gute Ergebnisse auf, während die vieler »Ziegen« recht schlecht waren. Diese Ergebnisse wurden später durch Experimente mit anderen Personen bestätigt, und die Hypothese, daß Befürworter bei gestellten ASW-Tests bessere ASW-Fähigkeiten aufweisen, wird heute in der Parapsychologie allgemein anerkannt. Wir können wohl einräumen, daß eine ungläubige Haltung, wenn sie wirklich vehement vertreten wird, eine verheerende Wirkung auf die natürliche und spontane Arbeit des eigenen Psi-Nukleus und ASW-Kerns haben kann.

Wir sollten auch im Auge behalten, daß der wirkliche Widersacher nach verfügbaren Statistiken stark in der Minderheit ist. Ungefähr 80 Prozent der Bevölkerung oder mehr glauben an die Existenz von ASW, und selbst in akademischen Kreisen, die der ASW normalerweise nicht positiv gegenüberstehen, zeigen Stichproben, daß vermutlich immerhin 60 Prozent die Wahrscheinlichkeit der ASW akzeptieren, während weitere 20 Prozent noch auf Beweise warten wollen.

Folglich könnte die Aktivierung der ASW für die einen einfach, für die anderen schwieriger sein und vielleicht unmöglich für die wenigen, die gegen die ASW und die Arbeit ihres eigenen Psi-Nukleus immun geworden sind.

Vertrauen in das tiefere Selbst

Die meisten von uns haben zu ihrem Geist ein vertrautes Verhältnis, wenn uns auch die neuesten Etiketten der Psychologie für die unterschiedlichen Teile des Geistes unbekannt sein mögen oder wir sie nicht verstehen. Wenn wir ehrlich sind, sind diese Teile oft nicht unter Kontrolle zu bekommen. Dann gibt es einige wenige, die Disziplin in die ganze Sache bringen können. Normalerweise disziplinieren wir die Bereiche unseres Geistes, die für uns wichtig sind, und mitunter nur deshalb, weil wir die schmerzhafte Notwendigkeit, dies zu tun, erfahren haben.

Wer mit seinen Zeitgenossen auskommen will und aus seinem Leben »etwas machen« will, muß sich in verschiedenen Bereichen selbst disziplinieren. Mit geistiger Selbstdisziplin stimmt man sich auf das ein, woran man teilzuhaben und bei dem man Erfolg zu haben wünscht.

Jeder, der aus eigener Kraft im Leben etwas erreicht hat, hat begriffen, daß ein auf Erfolg gerichtetes kreatives Leben eine Reihe von Kooperationen voraussetzt, die wiederum eine gewisse Selbstdisziplin als Vorbedingung haben. Umgekehrt gründet ein zum Mißerfolg verurteiltes, zerstörerisches Leben auf mangelnder Selbstdisziplin, mit dem Resultat, daß die Person nicht nur mit sich selbst, sondern auch mit den äußeren Lebensumständen nicht in Einklang steht.

Es gibt wahrscheinlich viele Arten von Selbstdisziplin; aber für dieses Buch scheinen mir vier wichtig zu sein. Disziplin erreicht man durch Übung, Konzentration, Erfahrung und Intuition. Die ersten drei Aspekte sind erlernbar und sind Teil der Erziehung und Ausbildung. Außerdem bewegen sie sich in den Bereichen, in denen uns eine ganze Menge von Informationen zur Verfügung stehen. Wir können uns selbst nach den Elementen solcher Informationen modellieren und uns so selbst disziplinieren.

In Bereichen, in denen uns nicht viel Informationen zur Verfügung stehen, müssen wir uns allein auf die Intuition verlassen. Der heutige Stand der Kunst liefert uns, was außersinnliche Wahrnehmung anbetrifft, kaum zuverlässige Informationen. Jeder Sensitive, der seine Psi-Fähigkeiten in unserer derzeitigen Kultur entwickelt hat, hat es gelernt, mit seinem Psi-Nukleus und den daraus hervorgehenden Vorgängen des rohen ASW-Kerns zusammenzuarbeiten. Aber dieses Lernen und die dazugehörigen Arten der Selbstdisziplin fallen eher in den Bereich der Intuition.

Wir können uns dieses Problem anhand eines bestehenden Modells verdeutlichen. Ich habe die Analogie der geistigen Verschalung benutzt. Wir alle besitzen mehrere Arten solcher Verschalungen, unter anderem zum Beispiel eine geistige Verschalung des Kreativitätskerns oder Kreativitätsnukleus. Wie der Psi-Nukleus ist auch der Kreativitätsnukleus wahrscheinlich Teil des tieferen Selbst.

Jeder erfolgreich Schaffende – Künstler, Erfinder, Ökologe oder Geschäftsmann – hat intuitiv gelernt, sich durch den Abfall zu wühlen und mit dem Kern in Verbindung zu kommen. Der Kreativitätskern scheint eigenständig zu arbeiten und funktioniert am besten, wenn sich unsere Bewußtseinsinhalte einigermaßen zurückhalten. Der erfolgreich Schaffende hat intuitiv gelernt, den Elementen und Anforderungen des Kreativitätskerns gerecht zu werden und die Elemente des Bewußtseins, die dazu neigen, sich einzumischen, zu disziplinieren.

Ausdrucksstarke Kreativität ist fast immer genauso spontan wie ausdrucksstarke ASW. Der Künstler oder Erfinder ist in der Lage, den Kern arbeiten zu lassen, ohne daß das rationale Bewußtsein in schädlichem Ausmaß mitwirkt.

Dies wurde von vielen hochentwickelten Personen unterschiedlich zum Ausdruck gebracht. Der namhafte Physiker Louis de Broglie merkte an, daß die Intuition uns befähige, durch eine Art inneren Lichtblick ganz unvermittelt einen tiefgründigen Aspekt der Realität zu erfassen, und daß ein solcher Lichtblick nichts mit mühsam erarbeiteten Vorstellungen zu tun habe, wie sie für das Bewußtsein charakteristisch sind. Der französische Chemiker Louis Pasteur hielt bei seiner Aufnahme in die *Academie des Sciences* in Paris eine Rede, die seinen mehr rational veranlagten Kollegen verwegen vorgekommen sein muß. Unter anderem sagte er:

> Die wertvolleren Seiten des menschlichen Geistes liegen alle im Dunkeln, im Hintergrund verborgen. Wären wir von diesem Hintergrund abgeschnitten, würden selbst die exakten Wissenschaften etwas von der Größe verlieren, die aus der geheimen Affinität zwischen ihnen und anderen Wahrheiten stammt, deren unendliches Ausmaß wir langsam zu begreifen beginnen und die die Verbindung zum Mysterium der Schöpfung herstellen.

Wenn eine Person es zuläßt, daß sie nur von den zum Bewußtsein gehörigen Elementen gesteuert wird, neigt dieses selbe Bewußtsein dazu, Eindrücke, Informationen und Wahrnehmungen aus bewußtseinsfremden Bereichen auszufiltern.

Dieses Problem kann sehr ernst werden. Die Psychotherapeuten könnten Bücher darüber schreiben, wie schwierig es ist, dem Unbewußten Informationen zu entlocken, die das Bewußtsein längst unterdrückt hat. Wo Kreativität und ASW unterdrückt werden, hat das Individuum nur geringe Chancen, die Kerne offenzulegen und die notwendige geistige Disziplin aufzubringen, um deren Tätigkeiten freien Lauf zu lassen.

Die meisten von uns leben ohne nennenswerte direkte Kommunikation mit dem tieferen Selbst. Es ist deshalb dazu verurteilt zu versuchen, Fragmente und Teile von Informationen in das Bewußtsein zu befördern. Mit diesen Bruchstücken geht das Bewußtsein dann auf die für die jeweilige Person typische Art und Weise um.

Die Person, die intuitiv lernt, sich auf das tiefere Selbst einzustimmen und das Bewußtsein entsprechend zu disziplinieren, wird in die Lage versetzt, solche Informationen zu empfangen. Das tiefere Selbst kann in der Tat Fragen vollständig beantworten, mit denen sich das Bewußtsein beschäftigt, ohne sie eigenständig beilegen zu können. Dafür gibt es enorm viele Beweise. Musiker haben Partituren vollendet, Erfinder haben Dinge erfunden, Künstler haben Gemälde oder Skulpturen hergestellt, Mathematiker Formeln aufgestellt und so weiter – und dies alles in der Kürze eines Augenblicks, in dem das Bewußtsein zur Ruhe kam und die vom tieferen Selbst gefundene vollständige Lösung eines Problems durchgelassen wurde.

Das gleiche gilt für spontane, durchsetzungsfähige ASW. Es gibt Tausende von Berichten über Personen, die vollständige Informationen über fernliegende Ereignisse mit einer Klarheit empfangen haben, die gleichzeitig visueller, sinnlicher und intellektueller Art war. Die normalerweise vor diesen »Eindringlingen« schützenden Barrieren senken sich mitunter für einen vorübergehenden Zeitraum. Man sagt, die normalen Maschen im Netz des Bewußtseins seien vergrößerungsfähig und würden bei solchen Gelegenheiten weiter.

Wie dem auch sei, das Problem besteht weniger darin, die außersinnliche Wahrnehmung zu *entwickeln,* sondern vielmehr zu lernen, wie man ihre Störungen *verhindert.*

Der entwickelte Sensitive beherrscht diese Aufgabe intuitiv; er legt sozusagen einen bestimmten Gang ein, verschiebt die Aufmerksamkeit vom Bewußtsein zu einer Verbindung mit dem tieferen Selbst und den Elementen des Psi-Nukleus und des ASW-Kerns. Mit anderen Worten, der entwickelte Sensitive schafft einen ungehinderten Weg vom tieferen Selbst zur bewußten Aufnahmefähigkeit, wo die einfließenden Psi-Informationen dann mit relativer Klarheit wahrgenommen werden können.

Im parapsychologischen Fachjargon spricht man häufig von »Focusing«. Aber Focusing ist nur eine Seite der Medaille. Mit Focusing soll die Ausrichtung der Elemente des Bewußtseins beschrieben werden, mit denen der Weg (die Öffnung) für die aufwärts wandernden Psi-Informationen zur bewußten Wahrnehmung bereitet wird.

Auf der anderen Seite muß aber auch noch eine Verbindung zwischen dem tieferen Selbst und der Ganzheit der Person hergestellt werden. Wenn die fortgeschrittenen Physiker und Denker in der Annahme, daß das tiefere Selbst *bereits* an die Information angeschlossen ist (wie an früherer Stelle in diesem Buch besprochen), richtig liegen, dann bedarf das tiefere Selbst keiner Entwicklung und keines Focusing. Es muß nur Gelegenheit erhalten, die Informationen liefern zu können.

Der entwickelte Sensitive hat gelernt, dem tieferen Selbst intuitiv zu vertrauen und hat die Wege im Geist geebnet, durch die die Information in das Bewußtsein befördert wird.

Nach dem so gewonnenen Einblick können wir jetzt wohl sagen, daß das eigene außersinnliche Potential bereits mit wenig Aufwand aktiviert werden kann. Überhaupt ist die Intuition selbst nur eine Abwandlung der ASW. Eine Lokalisierung der Barrieren für die ASW entspricht bereits einer Aneignung der ASW-Fähigkeit. Abgesehen davon wissen wir, daß der Weg der ASW im Bewußtsein endet. Sie ist nicht Produkt des Bewußtseins, und es ist in der Tat so, daß nicht disziplinierte Bewußtseinsstrukturen nur stören.

Die Welt der außersinnlichen Wahrnehmung sind die Bereiche unterhalb des Bewußtseins, wo die Psi-Informationen vorverarbeitet werden und dann in vervollständigter Form auftauchen.

Bei richtigem Focusing und richtiger Verbindung kann ein ASW-Zielobjekt in relativ ungehinderter Form Eingang in das Bewußtsein finden, wie wir es bei den Zeichnungen gesehen haben. Jeder, der Interesse an einer Kontaktaufnahme mit dem eigenen ASW-Kern hat, muß nun seine Aufmerksamkeit auf die Vorverarbeitungsvorgänge und die Elemente des Bewußtseins richten, die dazu neigen, die korrekte Übertragung der einfließenden Psi-Informationen zu verhindern.

Wie sich herausgestellt hat, stellt das Verfahren der Zeichnungsanfertigung einen ausgezeichneten Weg dar. Die Zeichnungen selbst enthüllen, was beim Einfließen in das Bewußtsein mit der Psi-Information geschehen ist. Und zum Bewußtsein läßt sich immerhin positiv anmerken, daß es lernfähig ist, vorausgesetzt, es besteht ein klares Verständnis darüber, was es zu lernen hat. Ihre eigenen Zeichnungen werden Ihnen den Weg schon zeigen.

11. Wie läßt man der Kern-ASW freien Lauf?

Ein Adler entschließt sich, nicht zu fliegen. Er stürzt sich in das Unvermeidliche und findet sich selbst fliegend vor.

Vorbereitung der eigenen Versuche

Zur Vorbereitung Ihrer eigenen Versuche gebe ich Ihnen zunächst den Rat, alles einfach zu gestalten. Je einfacher das Experiment ist, um so einfacher wird ein bedeutsames Resultat erzielt.

In der Parapsychologie sind viele Experimente so komplex geworden, daß diese Komplexität möglicherweise dazu beiträgt, gute Ergebnisse zu verhindern. Auch ich bin beim Sammeln meiner eigenen Erfahrungen auf Menschen gestoßen, die die Dinge komplizierter machten, als sie waren, und das, obwohl sie diese Dinge noch gar nicht richtig verstanden hatten.

Bevor Sie beginnen, sollten Sie sich das Experiment und die zu gehenden Schritte im Kopf zurechtgelegt haben. Nach meiner Erfahrung funktionieren die ASW-Kernvorgänge besser, wenn klar ist, was von ihnen erwartet wird. Die typischen Schritte sehen so aus:

Benötigte Materialien

Sie brauchen normales weißes Papier. Achten Sie darauf, daß es unliniert und unbeschrieben ist, so daß Ihre Aufmerksamkeit durch nichts abgelenkt und keine unvorhergesehene geistige Aktivität hervorgerufen wird. Liniertes Papier verführt mitunter zum Zeichnen von Linien. Auch farbiges Papier kann eine Rückmeldung verzerren. Sie brauchen eine ruhige Atmosphäre. Das Telefon, das Radio und das Stereogerät schalten Sie ab. Setzen Sie sich an einen flachen Tisch mit guter Beleuchtung. Sie sitzen aufrecht auf einem bequemen Stuhl und benutzen einen spitzen Bleistift oder feinen Kugelschreiber.

Wahl des Partners

Die richtige Auswahl des Partners, der mit Ihnen arbeitet, ist nicht unwichtig. Versuchen Sie, jemanden zu finden, der an dem Versuch wirklich interessiert ist und der ASW nicht abneigend gegenübersteht. Auf außersinnlicher Ebene kommt es zu einem leichten Emotions- und Einstellungsaustausch zwischen zwei Menschen. Wenn der von Ihnen ausgewählte Partner mit Ihnen oder dem Versuch nicht auf einer Linie ist, kann diese »Information« der Disharmonie sich in Ihr Ergebnis einmischen und es ein wenig mindern. Arbeiten Sie nicht mit jemandem, der Sie neckt oder hänselt. Am besten eignet sich eine Person, die sich auf Sie einlassen kann, Sie die Objekte aussuchen läßt, während sie versucht, ihren eigenen ASW-Kern zu aktivieren.

Zu benutzende Gegenstände

Für den Anfang sollten es leicht erkennbare Gegenstände sein. Beachten Sie, daß die Aufgabe um so einfacher ist, je weniger Informationen der ASW-Kern zu verarbeiten hat. Für Ihre Augen sind alle Gegenstände mehr oder weniger vertraut und einfach zu erkennen. Aber die Vorgänge im ASW-Kern zerstückeln diese Informationen, und je mehr Informationen mit einem Zielobjekt verbunden sind, desto aufwendiger sind die Anstrengungen. Wenn Sie gleich am Anfang ein kompliziertes Zielobjekt aussuchen, werden Sie vermutlich einen Wirrwarr von Informationsfragmenten erhalten. So ist es beispielsweise besser, mit einem einzigen Löffel, als mit einer ganzen Besteckschachtel zu beginnen. Nehmen Sie lieber eine schlichte Vase oder einen schlichten Krug, als ein Gefäß voller Verzierungen und Bilder, lieber eine einfache Perlenkette, als eine Kette mit vielen Steinen und einem komplizierten Design.

Keine Unterhaltungen

Versuchen Sie, alle überflüssigen Gespräche oder andere störende kleine Geräusche zu vermeiden, damit Ihre Aufmerksamkeit nicht abgelenkt wird. Wenn es geht, lassen Sie Ihren Partner mit einer kleinen Glocke klingeln, wenn er fertig ist. Dadurch werden unbeabsichtigte Stichworte vermieden, die bei Stimmenkontakt auftreten könnten. Diese Methode ist bei formalen ASW-Tests wünschenswert, meiner Meinung nach aber nicht unbedingt nötig. Sie werden sowieso nicht absichtlich betrügen. Sie werden es gar nicht nötig haben.

Durchführung des Versuchs

Das Grundexperiment zur Anfertigung einer Zeichnung ist die Einfachheit selbst. Wenn Sie bereit sind, bleiben Sie allein in einem Raum und bitten Ihren Partner, den einfachen Gegenstand auf einen Tisch in einem anderen Raum zu stellen. Wenn kein anderer Raum verfügbar ist, kann der Gegenstand auch in einen verschlossenen Behälter oder einfach hinter eine undurchsichtige Barriere gelegt werden.

Setzen Sie sich an einen gut beleuchteten Tisch, auf dem das Papier vor Ihnen liegt. Schreiben Sie Datum und Uhrzeit auf das Papier.

Entspannen Sie sich; werden Sie nicht nervös. Bei den ersten Versuchen mag dies schwierig sein. Wir neigen zu Erwartungen, sind aufgedreht, fühlen, daß wir versagen werden, oder fühlen, daß wir »einen heißen Draht« haben und das Zielobjekt erfassen werden. Sie werden einige Anläufe brauchen, um eine gewisse Ausgeglichenheit, eine Art Desinteresse zu erreichen. Wenn Ihnen dies gelingt, werden die Vorgänge im ASW-Kern ihr Bestes geben. Sich entspannen heißt nicht, daß Sie sich eine halbe Stunde lang vorbereiten müssen, um in eine halbe

Trance zu verfallen. Versuchen Sie, so an den Versuch heranzugehen, wie an jede andere Aufgabe auch, die für einige Augenblicke Ihre Aufmerksamkeit fordert.

Wenn alles fertig ist, lassen Sie Ihren ASW-Kern die Arbeit erledigen. Denken Sie immer daran, daß die ASW-Information zum Teil aus einem Gefühl »im Bauch«, zum Teil aus Intuition und zum Teil aus einer Art automatischer Rückmeldung besteht, bei der Ihre bewußten geistigen Kräfte nicht benötigt werden.

Wenn Sie sich selbst dabei erwischen, daß Sie darüber nachdenken, wie das Zielobjekt wohl aussieht, machen Sie eine Pause und fangen wieder von vorn an. Wenn Sie etwas zeichnen, fragen Sie sich nicht, was die Zeichnung wohl darstellen könnte, denn dann wird sofort eine Flut von Möglichkeiten auftauchen.

Zunächst wird wohl jeder etwas selbstbewußt sein. Wenn Sie beginnen, mit der geistigen Verschalung des ASW-Kerns in Berührung zu kommen, treten alle möglichen Emotionen auf. Befreien Sie sich von ihnen, indem Sie sie zu Papier bringen. Durch die Aufzeichnung erfahren Sie, wie Sie sich fühlen, wenn Sie versuchen, Ihre ASW-Kernvorgänge zu aktivieren.

Wenn Sie meinen, Worte für eine Rückmeldung gefunden zu haben, arbeiten Sie mit diesen Worten, zumal einige Attribute von Zielobjekten nicht einfach zu skizzieren sind, wie beispielsweise Strukturen, Gefühle zu dem Zielobjekt oder die Gesamtumgebung des Zielobjekts.

Beendigung des Versuchs

Meiner Erfahrung nach gehen die Vorgänge des ASW-Kerns schnell vonstatten. Seien Sie nicht überrascht, wenn Sie kurz einige wenige Linien auf das Papier werfen oder in einem sehr kurzen Zeitraum eine kleine Zeichnung anfertigen. Die ASW-Vorgänge funktionieren nun mal so. Wenn Sie Ihre Bemühungen in die Länge ziehen und versuchen, »besser« zu sein, werden Sie wahrscheinlich nur intellektuelle Prozesse in Gang setzen, die die ursprüngliche Psi-Information mindern. Zu wissen, wann der Versuch beendet ist, ist eine Frage der Intuition, gekoppelt mit Erfahrung. Nach einigen Versuchen werden Sie dies im Gefühl haben.

Bitte um unverzügliches Feedback

Wenn Sie intuitiv meinen, daß Ihre Zeichnung sich »erfüllt« hat, legen Sie den Stift beiseite und bitten darum, das Zielobjekt sehen zu dürfen. Vergleichen Sie die Elemente der Zeichnung mit den Elementen des Zielobjekts. Nach einigen Versuchen, wenn Ihr Selbstbewußtsein im Gleichgewicht ist und Sie fühlen, daß Sie langsam »dahinterkommen«, werden Sie lernen, die spezifischen Eigenschaften der Information zu erkennen, und ihr gesamtes ASW-System wird anfangen zu lernen. Vielleicht möchten Sie die Punkte oder Merkmale Ihrer Zeichnung, die dem Zielobjekt oder einem Teil davon entsprechen (mit einem Rotstift), einkreisen. Wenn das Zielobjekt zum Beispiel aus einer kleinen quadratischen Schachtel bestand und Sie einen oder zwei Winkel gezeichnet haben, würden Sie dann anmerken, daß Sie die Winkelhaftigkeit des Zielobjekts erfaßt haben. War das Zielobjekt ein Bleistift und Sie haben eine gerade Linie gezeichnet, würden Sie das entsprechend anmerken. Wenn das Zielobjekt eine geschwungene Vase war und Sie eine Kurve oder etwas Rundes gezeichnet haben, würden Sie anmerken, daß Sie die Kugelgestalt erfaßt haben.

Wenn Sie das Zielobjekt richtig gut dargestellt haben, sollten Sie auf eine Woge der Aufregung gefaßt sein – die an früherer Stelle dieses Buches erwähnten Nachwirkungen.

Vergleich Ihrer Zeichnung
mit den Informationen dieses Buches

Es wird wichtig für Sie sein, Ihre Zeichnungen im Hinblick auf die in diesem Buch enthaltenen Informationen zu untersuchen, insbesondere was die in Kapitel zwölf diskutierten und zu Fehlern beitragenden Elemente anbetrifft. Die Vorgänge des ASW-Kerns scheinen aus dieser Art Vergleich und Bestärkung zu »lernen«. Wenn Sie eine intellektuelle Analyse Ihres Versuchs vornehmen wollen, werden Sie herausfinden, daß Ihre Zeichnungen sich nach und nach verbessern, mitunter sogar erheblich.

Die richtige Zeiteinteilung

Die allgemeine Erfahrung der Parapsychologie hat gezeigt, daß eine Durchführung vieler Versuche in kurzer Zeit nur zu einem Zusammenbruch der zartbesaiteten ASW-Kern-Vorgänge führt. Am besten macht man nur einen oder zwei Versuche auf einmal und legt dann eine Pause von ein oder zwei Tagen ein. Gehen Sie mit Ihren Versuchen so um wie mit jeder anderen zu erlernenden Tätigkeit auch. Zuerst alles einfach gestalten und sich dann Schritt für Schritt auf den langen, harten Stoff zu bewegen. In jedem von uns steckt der natürliche Drang, hart und schnell zu arbeiten, wenn es um die Entwicklung einer Gabe oder eines Talents geht. Beachten Sie, daß Talente und Fähigkeiten sich langsam steigern, wobei das Tempo von Ihren eigenen inneren Mechanismen abhängt. Bei der ASW ist es nicht anders. Nach so ungefähr einem Dutzend Experimenten werden Sie Ihr Tempo gefunden haben.

Experimentarten

Nach einer Weile mag es langweilig werden, immer nur mit einem Objekt auf dem Tisch in einem anderen Raum zu arbeiten. Es gibt viele Variationen, die ich Ihnen nun vorstellen möchte.

Aber Vorsicht! Die Aufgabe ist und bleibt die *Anfertigung einer Zeichnung.* Viel zu lange schon wird ASW intellektuell angegangen. Mit anderen Worten: Die Versuchsperson konzentrierte sich auf etwas und setzte dann das Bewußtsein ein, um die paranormale Information in eine Gestalt zu bringen. Aber durch diese Herangehensweise ist die Information genau in den Bereich gerutscht, der die Quelle der meisten »Geräusche« oder Mißverständnisse (»Fehlerbeiträge«) darstellt.

Sie wollen nun aber größeren Kontakt zu den Bereichen neben dem Bewußtsein, den Bereichen, die dem ASW-Kern und seinen Vorgängen näherliegen, aufbauen. Diese Bereiche liegen tiefer, in zunächst unbekannten Gebieten. Ihr ureigener ASW-Kern wird die Zeichnungen für Sie herstellen, oft ohne Hilfe oder Verständnis des Bewußtseins.

Der ASW-Kern und seine Vorgänge *sind* subtile Systeme. Es sind diese Systeme, in die Sie eindringen wollen, nicht ihre intellektuelle Bewußtheit. Zu oft schon habe ich Menschen erlebt, die nur unter Inanspruchnahme ihrer bewußten geistigen Kräfte darum kämpften, sensitiv zu werden. Sie versuchen, einfließende Psi-Informationen bewußt zu verstehen, und das dürfte ja wohl mehr oder weniger ein Ratespiel sein.

Was noch wichtiger ist: Wenn Sie keine Zeichnung anfertigen, haben Sie keine Chance zu sehen, wie Ihr ASW-Kern und dessen Verarbeitungssysteme funktionieren. Eine Zeichnung ist nämlich mehr als nur die Skizzierung Ihrer bewußten Eindrücke. Sie werden herausfinden, daß die Zeichnung sich irgendwie selbst herstellt, oft ohne daß eine Entscheidung gefällt oder das Bewußtsein in Anspruch genommen wird.

Die einfließenden ASW-Informationen können im Sumpf des Bewußtseins verlorengehen. Sie werden ergänzt, manipuliert, durchkreuzt, absorbiert, verändert. Bei der halbautomatischen Anfertigung von Zeichnungen werden diese Komplikationen umgangen. Die Zeichnung dient Ihnen einerseits als Dokument Ihres Versuchs und zeigt Ihnen andererseits, mit welchen Informationen Ihr ASW-Kern fertig wird und mit welchen nicht.

Sie werden sehen, daß die Zeichnungen eine Art ASW-Sprache sind, die sich mit grundlegenden Form-Gestalt-Attributen eines gegebenen Zielobjekts beschäftigt. Diese Formen können von den bewußten Denkprozessen oder durch eine Wortzuteilung allein nicht abgedeckt werden, denn wenn das geschieht, werden die grundlegenden Formen in eine *andere Art* der Präsentation übersetzt. Es ist der Übersetzungsvorgang, bei dem es zu Fehlern kommt.

Durch diese intellektuelle Methode wird Ihr ASW-Kern nicht lernen. Lernen wird er durch Ihre eigenen Zeichnungen. Solange Sie einen Block und Kugelschreiber oder Bleistift bei sich haben, können Sie jede Art von Experiment durchführen – aber denken Sie immer daran, daß die ersten Experimente so einfach wie möglich sein sollten.

Wenn der Versuch mit dem Gegenstand auf einem Tisch langweilig wird, kann Ihr Partner etwas in seine Tasche oder in eine Kiste stecken. Sie selbst können auf die Straße gehen und versuchen zu »sehen«, was sich im Schaufenster eines Geschäftes um die Ecke befindet.

Sie können mit einem Partner in einer anderen Stadt arbeiten. Er soll einen Gegenstand vor sich auf den Tisch legen. Der einzige Nachteil bei einem solchen Versuch ist, daß Sie die Zeichnung nicht sofort mit dem Zielobjekt vergleichen können. Aber Sie können Ihrem Partner die Rückmeldung zusenden, und er kann die richtigen und falschen Elemente kennzeichnen.

Praktisch der gesamte Inhalt des gigantischen Informationspools der zweiten Wirklichkeit kann anhand von Zeichnungen ausgedrückt werden. Ich selbst habe an einem Versuch über größere Entfernungen (1500 Meilen) teilgenommen, bei dem die Aufgabe darin bestand, zu einem vorher festgelegten Zeitpunkt die Art der Musik zu bestimmen, die in einem von mir zuvor nie aufgesuchten Haus gespielt wurde. Hard Rock, klassische Musik, Country-Musik oder afrikanische Trommeln. Der Versuch lief über sechs aufeinanderfolgende Tage, und es gelang mir, alle sechs Arten herauszufinden.

Aber auch bei diesen sechs Versuchen arbeitete ich mit Bleistift und Papier und zeichnete die Takte oder das Tempo auf, das ich durch den ASW-Kern wahrnahm. Jede der vier Musikarten hat ein spezifisches Tempo oder spezifische Takte. So sagte mir die Zeichnung, welche Musik gespielt wurde. Hätte ich nur unter Einsatz meines Denkvermögens gearbeitet, um die einfließenden Informationen zu analysieren, hätte ich nicht so gut abgeschnitten, denn mit meinen bewußten geistigen Aufnahmekräften »hörte« ich alle vier Musikarten gleichzeitig.

Weitere Abenteuer

Nachdem Sie sich mit dem Vorgang der Zeichnungsanfertigung zur Genüge vertraut gemacht haben, können Sie sich an kompliziertere Abenteuer wie Vorhersagen heranwagen. Wählen Sie einen zukünftigen Tag mit Uhrzeit und zeichnen Sie den Ort auf, an dem Sie zu diesem Zeitpunkt sein werden. Sie dürfen natürlich nicht eingeplant haben, diesen Ort aufzusuchen. Aber wahrscheinlich wird niemand von uns genau wissen, wo er sich am Samstagnachmittag um vier Uhr aufhalten wird. Behalten Sie Ihre Zeichnung bei sich und nehmen Sie sie um vier Uhr heraus, um sie mit dem Ort zu vergleichen, an dem Sie sich gerade befinden. Aber seien Sie dabei ehrlich. Planen Sie Ihren Samstag nicht so, daß Sie der Zeichnung gerecht werden können.

Sie können auch Gesichter von Menschen zeichnen, die Sie nicht kennen. Bitten Sie einen Freund, Ihnen den Namen einer Person zu nennen, und lassen Sie Ihren ASW-Kern dann eine Zeichnung dieser Person anfertigen. Zeigen Sie sie Ihrem Freund und bitten Sie ihn, die Ähnlichkeit herauszufinden.

Durch Zeichungen kann oft das Geschlecht eines ungeborenen Kindes vorhergesagt werden. Verlorene Gegenstände können wiedergefunden werden. Benutzen Sie den verlorenen Gegenstand als »Zielobjekt« und lassen Sie den ASW-Kern seine Zeichnung herstellen. Normalerweise wird diese Zeichnung genug Informationen enthalten, um den Gegenstand lokalisieren zu können.

Aber diese Vorschläge gehören schon zur Arbeit eines Fortgeschrittenen. Für den Anfang sollten Sie es bei einfacheren Gegenständen bewenden lassen. Arbeiten Sie mit Gegenständen auf dem Tisch, bis Sie mit allen Schwierigkeiten des Zeichnungsvorgangs fertig geworden sind.

Hüten Sie sich vor Übereifer

Wenn Sie sich für die eigenen Versuche bereit machen, wird Ihnen noch ein weiteres Phänomen begegnen, das ich noch zur Sprache bringen sollte. Eines der Geheimnisse, die die Parapsychologie (neben vielen anderen) oft beobachtet, aber nie aufgedeckt hat, ist die Erscheinung, daß eine gerade noch höchst treffsichere Person plötzlich keine außersinnlichen Wahrnehmungen mehr aufnehmen kann. Wenn eine gewisse Erfolgsrate einmal erreicht ist, scheint das gesamte ASW-System unverhofft zusammenzubrechen, und es folgt eine Zeit, in der die Person die Zielobjekte überhaupt nicht mehr wahrnehmen kann, so als gäbe es im ASW-System irgendein Hindernis.

In der Parapsychologie spricht man dann von »Psi-missing«, ein Phänomen, durch das viele feinsinnig geplante Versuche in Vergessenheit geraten sind. Ich selbst habe es auch erfahren. Er tritt in Verbindung mit einer gewissen inneren Müdigkeit und einem Zusammenbruch der sensitiven Wege auf, wie bei der Überlastung eines Computers.

In der Parapsychologie werden die Versuche oft in Serien durchgeführt, ohne der Versuchsperson Zeit zum Ausruhen zu lassen. Arbeitet die Versuchsperson gerade gut, neigt der Forscher dazu zu sagen: »Mensch, Junge, du hast dich warmgelaufen. Mach noch etwas weiter!« Und wenn diese paar Versuche mehr dann gemacht werden, trocknet der Boden aus, manchmal für immer. Dasselbe kennen wir von Glücksspielen. Man erzielt mehrere Treffer und denkt: »Menschenskind, es läuft ...« Und schon bald bleiben die Treffer aus.

Mit diesem Problem beschäftigte ich mich 1975. Es ist, als würde man einem Langstreckenläufer sagen, er sei die einhundert Meilen gerade gut gelaufen und solle deshalb ruhig noch hundert Meilen weiterlaufen. Das würde keiner mit klarem Verstand vorschlagen. Das System hat seine Energie erfolgreich eingesetzt und verbraucht und muß sich jetzt erst wieder aufladen. Selbst Autos müssen anhalten, um vollgetankt zu werden. Aber in der Parapsychologie macht man immer wieder diesen Fehler – in der irrigen Annahme, eine gut funktionierende ASW müsse noch etwas länger auf Trab gehalten werden.

Die Antwort auf dieses Problem – oder zumindest einen Teil der Antwort – fand ich ganz unvermutet im Bodybuilding. Bodybuilder haben lange Zeit gedacht, sie müßten erheblich länger und härter trainieren, um ihre Muskeln zu entwickeln. In gewissem Grad stimmt das, aber der letzte Stand der Dinge ist, daß die Muskeln übertrainiert werden können. Heute wird das Problem des Übertrainierens in vielen Sportarten berücksichtigt.

Der für dieses Thema kompetente Joe Meeko bringt dieses Problem in einem Artikel mit dem Titel »Overrule the Overtraining Urge« (Überlisten Sie Ihren Übereifer beim Trainieren) in *Muscular Development,* Oktober 1985, zum Ausdruck, als er die Frage aufwirft, ob man sich jemals so verzweifelt gewünscht hat, daß ein Körperteil größer und schöner wird, daß man immer bis zur äußersten Grenze trainiert hat … nur um dann festzustellen, daß er kleiner und weniger eindrucksvoll wurde. Dies ist ein Ergebnis des Übertrainierens, und heute lautet die Regel, sofort aufzuhören, wenn ein Muskel »flach« zu werden scheint und sich nicht mehr aufgepumpt anfühlt. Jedes »Mehr« ist jetzt Übertraining.

Ich habe dieses Prinzip auf die ASW übertragen – und mit Erfolg. Wir sollten unsere geistigen Fähigkeiten anscheinend genausowenig überstrapazieren wie unsere körperlichen. Haben Sie schon einmal bis tief in die Nacht gearbeitet, um verlorene Zeit beim Studium wieder aufzuholen, und das nur, um festzustellen, daß Sie sich am nächsten Tag an nichts mehr erinnern können? Mit der ASW ist es genauso.

Unsere zutage tretende ASW ist etwas sehr Zerbrechliches. Die ersten Tests mögen spontan erfolgreich verlaufen. Das ist Anfängerglück. Aber dann muß diese Fähigkeit im richtigen Tempo geschult werden, wie jedes andere Talent auch.

Wenn Sie das Gefühl haben, die Energie für die ASW sei

verbraucht, ist der Zeitpunkt zum Aufhören gekommen. Lassen Sie Ihrem ASW-System Zeit, die Erfolge zu konsolidieren und die Energie zurückzugewinnen. Seit fast neun Jahren habe ich es mir zum Prinzip gemacht, mit ASW-Versuchen, Übungen oder Arbeiten genau dann aufzuhören, wenn ich gerade hervorragend funktioniere. Ich warte noch nicht einmal den Punkt ab, an dem ich mich ausgelaugt fühle. Auf diese Weise kann das »Psi-Missing«-Syndrom vermieden werden. Bewege ich mich über den genannten Punkt hinaus, bricht das System bald zusammen.

Sie sollten dieses Problem bei Ihren Versuchen sorgfältig berücksichtigen. Wenn Sie erfolgreich arbeiten, hören Sie auf, ruhen sich eine Weile aus (ratsamerweise einen Tag) und machen am nächsten Tag weiter. Sie werden feststellen, daß Genauigkeit und Durchhaltevermögen jedesmal besser werden. Lassen Sie das Tempo von Ihrer inneren Intuition bestimmen, nicht von Ihrer bewußten Aufregung, die Ihnen sagt: »Los, mach weiter, du bist in Hochform!«

12. Wie Sie aus Ihren eigenen Zeichnungen lernen

Das Schlimmste, was Ihnen passieren kann, ist, daß Sie bei Ihrer Zeichnung nicht ein einziges Element des Zielobjekts richtig erfaßt haben. Nach den in der Parapsychologie üblichen Normen würde man sagen, daß dann keine ASW stattgefunden hat. Dies mag richtig oder unrichtig sein. Aber es besteht auch noch eine andere Möglichkeit.

Wir müssen im Auge behalten, daß der Weg, den die paranormalen Informationen vom tieferen Selbst zum Bewußtsein zurücklegen, recht lang ist. Wenn nun die Psi-Informationen nicht durchkommen, tritt oft das Bewußtsein mit seinen eigenen unmittelbaren Eindrücken an ihre Stelle.

Man sollte daher davon ausgehen, daß »die Informationen nicht durchgekommen sind«, anstatt zu folgern, daß keine ASW stattgefunden hat und das Zielobjekt völlig verfehlt wurde. Die Informationen sind möglicherweise bis zu einem gewissen Grad in die vorbewußten Vorgänge eingeflossen, dann aber auf eine Barriere gestoßen.

Wenn wir uns einreden, es habe keine ASW stattgefunden, wird die geistige Verschalung des ASW-Kerns nur noch weiter stabilisiert. Gefühlsmäßig ist es wesentlich ermutigender festzustellen, daß der ASW-Weg noch nicht in den Brennpunkt gerückt ist.

Die grundlegende ASW unterscheidet sich nicht von anderen menschlichen Talenten. Wenige von uns können ein Talent von Anfang an ohne weiteres praktizieren. Der Stabhochspringer wird wohl kaum die achtzehn-Fuß-Marke erreichen, bevor nicht sein ganzes System gelernt hat, der Aufgabe gerecht zu werden. Wenn er aber denkt, es sei unmöglich oder er habe kein Talent für den Stabhochsprung, wird er es nie schaffen. Nur durch die Praxis können die verschiedenen Bestandteile seines Systems aufeinander abgestimmt werden. Das gilt nicht nur für alle Sportarten, sondern auch für die Kunst.

In Zusammenhang mit der außersinnlichen Wahrnehmung ist es immer unterlassen worden, sie *wie andere* menschliche Talente auch zu untersuchen und sie mit ihnen zu vergleichen. Sie wurde immer nur mit Erstaunen betrachtet, ohne ihre organischen Elemente bei einer Untersuchung miteinzubeziehen. So kam es dann zu der Erwartungshaltung, daß die ASW entweder vollständig zutage tritt oder eben gar nicht. Aber das ist offenkundig nicht der Fall. Die ASW ist vorhanden, wenn auch zu einem niedrigen Grad, so niedrig, daß sie nicht den ganzen Weg zurücklegen kann.

Sollten Sie bei Ihren ersten Versuchen keine erkennbare ASW-Information erhalten, atmen Sie tief durch und versuchen es noch einmal oder warten bis zum nächsten Tag.

Sobald Sie durch die Praxis dazulernen, werden Sie entdecken, daß der Weg, den die paranormalen Informationen gehen, vom Gefühl her sehr weich, wenn nicht sogar mürbe ist. Sie werden lernen, welche Informationen glaubhaft und es wert sind, daß man mit ihnen arbeitet. Auch werden Sie einen recht guten Eindruck davon gewinnen, wie spontan paranormale Informationen sein können.

Es geht nicht um das bewußte »Focusing« des Zielmaterials. Die den besagten Weg zurücklegende, einfließende Information muß vielmehr »punktuell« erfaßt werden. Machen Sie eine einfache und sogar recht schnelle Zeichnung. Dann vergleichen Sie Ihre Zeichnung mit dem Zielmaterial. Sie werden sehen, daß *einige* Informationen durchzukommen beginnen, und Sie werden auch bemerken, welche Informationen ausgelassen werden. Eine genaue Beobachtung dieser Aspekte ermöglicht es Ihrem Bewußtsein, dazuzulernen.

Seien Sie nicht enttäuscht, wenn Sie viel Zeit brauchen, um ein Zielobjekt ganz zu erfassen. Vertrauen Sie auf die Teile des Objekts, die Sie empfangen. Dieses Vertrauen hilft Ihnen, Sicherheit aufzubauen, und mit wachsender Sicherheit wird der Weg von Hindernissen befreit.

Der Schlüssel zu Ihren eigenen Versuchen liegt im Empfang von Informationen. Ich machte anfangs den Fehler zu glauben, ich müßte in der Lage sein, das Zielobjekt so wie mit meinen Augen zu sehen. Mit dem Ergebnis, daß ich enttäuscht war, als das nicht geschah. Was ich aber erhielt, waren Informationen. Wenn Sie es immer wieder versuchen, werden Sie schließlich sehen, daß einige Informationen die Barrieren überwinden und der paranormale Weg sich selbst in den Brennpunkt rückt.

Abgesehen davon, daß vielleicht gar keine Informationen durchkommen, gibt es noch sieben allgemeingültige Hürden, die im Auge behalten werden sollten. 1973 stellte ich für mich selbst eine Liste dieser Hürden auf, die auch heute noch für jeden Anfänger gelten.

1. Mitunter werden Sie das Objekt überhaupt nicht oder nicht einmal zum Teil erfassen. Statt dessen tauchen andere Objekte auf, die mit dem eigentlichen Zielobjekt in irgendeinem Zusammenhang stehen. Manchmal nehmen Sie die Gedanken der Person auf, die das Objekt ausgesucht hat, oder Sie nehmen etwas wahr, was in der Tasche oder Geldbörse dieser Person ist. Die Erklärung dafür liegt auf der Hand. In der zweiten Wirklichkeit gibt es ein breites Spektrum von Informationen, und der Aspekt der Präzision mag flexibel sein. Wenn Ihre Zeichnung also dem Zielobjekt nicht entspricht, sehen Sie sich um, ob ein der Zeichnung ähnelnder Gegenstand in der Nähe ist.

2. Oft werden Sie nicht das Zielobjekt identifizieren, sondern etwas aufgezeichnet haben, was Sie aufgrund Ihrer Erfahrungen an das Objekt erinnert. Die paranormalen Informationen werden so ersetzt und durch nicht zugehörige Informationen ergänzt. Aber die paranormale Information ist immerhin so weit vorgedrungen, daß in Ihrer Vorstellungskraft ein vergleichbares Bild ausgelöst wurde. Diese Art von »Fehler« ist in der Tat sehr üblich. it etwas mehr Praxis werden Sie erkennen können, wann Ihnen dieser Fehler unterläuft.

3. In anderen Fällen werden Sie eine ganze Reihe von Zeichnungen, Zeichen oder Worte produzieren, die für Ihr Bewußtsein keinen Sinn ergeben. Dann mangelt es an der »Zusammenarbeit« der Informationen, so daß sich keine erkennbare Zeichnung anfertigen läßt. Wenn Sie aber später das Zielobjekt betrachten, werden Sie erkennen, daß die wahrgenommenen Elemente völlig angemessen waren. Dieses Phänomen habe ich als »Verschmelzungsproblem« bezeichnet. Sie nehmen dabei zwar alle Rudimente wahr, können sie aber nicht richtig miteinander verbinden. Die nachfolgenden Abbildungen enthalten mehrere gute Beispiele, die dieses Phänomen genau widerspiegeln. Probleme bei der Verschmelzung der Informationen sind von enormer Bedeutung für Sie, denn Sie können daraus lernen, wie der Informationsweg verläuft. Verschmelzungsprobleme besagen, daß eine ganze Reihe von Informationen über das Objekt durchkommt, daß diese Informationen aber von den vorbewußten Vorgängen nicht zu einer Einheit verschmolzen werden. Dieser Fall tritt oft ein, wenn das Zielobjekt zu komplex ist. Sobald der ASW-Kern mit komplexeren Informationen umgehen kann, verliert sich dieses Phänomen.

4. Manchmal wird es vorkommen, daß Sie das Objekt mit Ihrer Zeichnung oder schriftlichen Niederlegung (soweit Sie etwas geschrieben haben) recht gut skizziert haben, es dann aber mit einem falschen Namen versehen. In diesem Fall können die bewußten Kräfte die Skizze nicht erkennen, sind aber entschlossen, ein Wort dafür zu finden.

5. In anderen Fällen werden Sie nur Teile des Objekts wahrnehmen; Sie »sehen« die Einzelheiten, erkennen aber das Objekt als solches nicht. Oder Sie erfassen den Umriß des Objekts, aber nicht die Einzelheiten.

6. Oft werden Sie nur einen bestimmten Teil des Objekts erkennen, während der Rest Ihnen verschlossen bleibt.

7. Zu anderen Zeiten bekommen Sie eine gute Verbindung zu dem Objekt, aber es kommt zu einigen Verzerrungen.

Wenn keine dieser Hürden den Weg blockiert, werden Sie Augenblicke einer unbestreitbaren Verbindung zwischen Ihren Eindrücken und dem verborgenen Objekt – wie es auch immer beschaffen sein mag – erfahren.

Nachdem ich 1975 Gelegenheit hatte, eine Reihe von Kern-ASW-Zeichnungen zu untersuchen, stellte ich eine Liste der ihnen gemeinsamen Eigenschaften auf. Diese Liste ist sicherlich nicht vollständig, und viele von Ihnen werden sie ergänzen können. Es wird hilfreich sein, mit dieser Liste und den entsprechenden Beispielen zu arbeiten und sie mit Ihren frühen Ergebnissen zu vergleichen.

Nehmen Sie sich die Liste vor und vergleichen Sie sie mit Ihren Ergebnissen. Kennzeichnen Sie jedes Element entsprechend. Verschaffen Sie sich nicht nur einen vergleichenden Überblick, sondern schreiben Sie neben jedes Element die jeweilige Art des aufgetretenen Phänomens. Dadurch kann Ihr Bewußtsein lernen. Da Ihr Kern lernen wird, mit jeder der vielen Äußerungen seines Rohtalents umzugehen, werden Sie Strukturen erkennen.

Ich konnte vier allgemeine Kategorien ausmachen, in die sich alle Zeichnungen einordnen lassen. Diese Kategorien habe ich gemäß ihrer Bedeutung im ASW-Lernprozeß folgendermaßen betitelt:

Fehlerbeiträge
Assoziationen
Verschmelzungsprobleme
Präzise Wahrnehmung

Fehlerbeiträge

Obwohl man normalerweise immer nur die Treffer wirklich registriert, sind Fehlerbeiträge für den Lernprozeß wesentlich wichtiger. Die Fehlerbeiträge entsprechen den zu identifizierenden *Barrieren* auf dem ASW-Weg. Aus Fehlern lernt man am besten. Können wir sie aber nicht lokalisieren, helfen sie uns auch nicht weiter. Wenn Sie etwas gut machen wollen, müssen Sie die Bereiche kennen, in denen Sie schlecht arbeiten. Machen Sie die Fehlerbereiche aus, lösen Sie die Probleme und disziplinieren Sie diese Bereiche, sind Sie auf dem besten Weg, bessere Leistungen und mehr Treffer zu erzielen (Sie nehmen dann die Arbeit des Kammerjägers vor).

Auf dem ASW-Weg gibt es vier wichtige Fehlerbeiträge. Diese sind wahrscheinlich in der Nähe des frontalen Bewußtseins oder den direkt darunter befindlichen Bereichen anzusiedeln.

1. Gedanken, die mit dem Zielobjekt oder dem Versuch nichts zu tun haben.
2. Überhaupt keine Kontaktaufnahme oder Korrespondenz (Barrieren).
3. Illusionen oder Phantasie.
4. Falsches Raten oder Raten überhaupt.

Es ist recht wichtig, diese Phänomene erkennen zu lernen, wenn sie auftauchen. Haben Sie den Mut zuzugeben, daß Sie einfach raten, wenn Sie sich dabei erwischen! Das System lernt aus diesen Eingeständnissen. Alle Fehlerbeiträge sind Barrieren für die einfließenden ASW-Informationen. Sie zeigen Ihnen wahrscheinlich, daß das Bewußtsein den paranormalen Weg zu dominieren versucht.

Es folgen einige Beispiele für Fehlerbeiträge.

Abbildung 22

Zielzeichnung   Rückmeldung

Die Abbildung 22 der von Graf S. im Jahre 1888 angefertigten Zeichnung zeigt, daß Graf S., abgesehen von der Vertikalen der Ziffer 1, offensichtlich Opfer seiner Vorstellungskraft wurde. Die Rückmeldung hat wenig mit dem Zielobjekt zu tun; daher können wir annehmen, daß die eine Art Kelch zeigende Rückmeldung auf Manifestationen eines geistigen Vorgangs zurückzuführen ist, der das Zielobjekt zu identifizieren suchte. Dasselbe gilt noch mehr für das folgende Beispiel (Abbildung 23). Graf S. erfaßte die Kreisform des Zielobjekts, aber dann eilte seine Vorstellungskraft hinzu und verwandelte es in einen Kometen.

Abbildung 23

Zielzeichnung   Rückmeldung

Trotzdem sind die beiden vorstehenden Versuche nicht völlig fehlgeschlagen. Die tatsächlich vorhandenen Formen der Zielzeichnung wurden in die Rückmeldung eingegliedert. Diese beiden Beispiele zeigen, daß einige Grundinformationen durchgekommen sind, dann aber von phantasiebedingten Fehlerbeiträgen überschwemmt wurden.

Im folgenden Beispiel (Abbildung 24), das aus den Schmoll-Maibre-Experimenten im Jahre 1889 stammt, sehen wir, daß die Versuchsperson zunächst eine allgemeine Vorstellung von dem Zielobjekt bekam, sich dann aber von ihrer Phantasie leiten ließ. Die grundlegende richtige Form wurde dreimal verändert, und im Endergebnis wurde nur der obere Teil der Zielzeichnung richtig erfaßt. Die grundlegenden Elemente des Zielobjekts sind alle in den vier Rückmeldungen enthalten. Offensichtlich wird aber

163

auch, daß die Vorstellungskraft in Anspruch genommen wurde, um den einfließenden paranormalen Informationen »Sinn zu verleihen«.

Abbildung 24

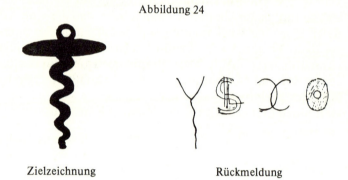

Zielzeichnung   Rückmeldung

Oft wird das Zielobjekt gerade am Anfang von der Versuchsperson richtig erfaßt, aber irgendwelche intellektuellen Funktionen scheinen dann »zu zweifeln«.

Abbildung 25

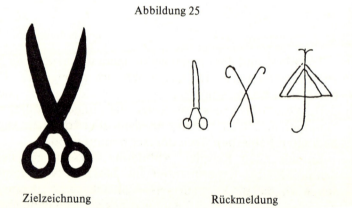

Zielzeichnung   Rückmeldung

Eine völlig richtige Rückmeldung wird durch reine Phantasie wieder umgewandelt. In Abbildung 25 (Schmoll-Maibre 1889) wurde die Schere in einen Schirm verwandelt. Im nachfolgenden Beispiel (Abbildung 26/Warcollier,

1925) wurde der Trichter zu einer Art Schüssel oder Vase mit geweihähnlichen Handgriffen ausgearbeitet. Richtig getroffen wurde nur der Aspekt des Behälters. Wieder sehen wir, daß der ASW-Kern die grundlegende Information richtig aufgenommen hat, diese dann aber durch Phantasie verzerrt wurde.

Abbildung 26

Zielzeichnung   Rückmeldung

Diese phantasiebedingten Fehlerbeiträge finden wir in der Geschichte der Zeichnungen immer und überall. Im Jahre 1977 stellte eine unbekannte Versuchsperson, ein Beamter, der keine ASW-Fähigkeit zu haben behauptete, am SRI International die beiden folgenden, von Phantasieüberlagerungen zeugenden Zeichnungen her. Die Ziele waren keine Zeichnungen, sondern in einem anderen Raum befindliche Gegenstände.

Im ersten Beispiel war ein dreibeiniger Ständer das Zielobjekt. Die Rückmeldung der Versuchsperson zeigt, daß die Dreibeinigkeit vom ASW-System erfaßt wurde, dann aber die Phantasie des Mannes ins Spiel kam und das Bild einer Teekanne, eines Tabletts und so weiter erzeugte. Normalerweise würde man eine solche Rückmeldung als »Niete« bezeichnen, was sie aber eigentlich nicht ist. Die Rückmeldung zeigt, daß korrekte Informationen auf dem Weg waren, aber *auch* phantasiebedingte Fehlerbeiträge. Die Dreibeinigkeit ist sehr einzigartig, und diese Einzigartigkeit wurde vom ASW-Kern aufgenommen.

Abbildung 27

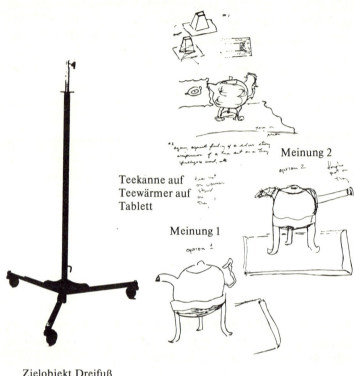

Teekanne auf
Teewärmer auf
Tablett

Meinung 1

Meinung 2

Zielobjekt Dreifuß

Rückmeldung
Viewer 518
SRI (1977)

Beim zweiten Beispiel – es handelt sich um dieselbe Versuchsperson – bestand das Zielobjekt aus einer Speisemühle (auch ein Beispiel für ein für einen Anfänger zu komplexes Zielobjekt). Beim ersten Versuch erfaßte die Person die korrekte Form, aber dann übernahm die Phantasie sofort das Steuer und nannte das Objekt zunächst eine Kohlenschaufel, um es später noch in einen Blasebalg zu verwandeln.

Abbildung 28

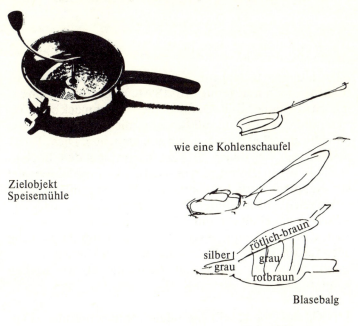

wie eine Kohlenschaufel

Zielobjekt
Speisemühle

silber
grau

rötlich-braun

grau

rotbraun

Blasebalg

Rückmeldung
Viewer 518
SRI (1977)

Genau genommen wurden durch diese Fehlerbeiträge zwar unerwünschte Resultate erzielt, aber es werden zwei Dinge deutlich: Die Rückmeldung enthielt einige grundlegende Informationen, und eine sorgfältige Beobachtung der Rückmeldungen zeigt dem Individuum, wie die Phantasie versuchte, die mysteriöse ASW-Information in Verbindung mit dem Gegenstand zu bringen.

Wenn Sie Ihre eigenen Zeichnungen auswerten, sollten Sie die richtigen und sich wirklich auf das Zielobjekt beziehenden Informationen in der Rückmeldung rot und die phantasiebedingten Überlagerungen grün einkreisen. Das gesamte ASW-Kern-System kann auf diese Weise lernen.

Bald werden Ihre Rückmeldungen mehr rote als grüne Kreise haben, und dann wird Ihr Vertrauen zunehmen.

Assoziationen

Assoziationen treten auf, wenn die einfließenden ASW-Informationen weit genug in das System vordringen, um ein mitschwingendes Bild, Gefühl, einen Geschmack oder Geruch und so weiter auszulösen, aber nicht weit genug, um objektiv als völlig richtiges Bild aufzutauchen. Diese Rückmeldungen, bei denen es zu mitschwingenden Begleiterscheinungen kommt, gibt es recht oft. Um auf das Beispiel von Napoleon zurückzukommen: Die paranormalen Informationen über Josephines Tod drangen in Napoleons ASW-System weit genug vor, um Ängste und Sorgen auszulösen, aber nicht weit genug in sein Bewußtsein, um tatsächliche oder genaue Informationen aufnehmen zu können.

Ich habe vier Arten von Assoziationen ausmachen können:

1. Nicht das Objekt selbst, sondern damit verbundene Dinge oder solche, die in Zusammenhang damit erwartet werden.
2. Assoziationen von Gefühlen und so weiter.
3. Etwas, an das das Objekt (oder der Ort) Sie erinnert.
4. Das Bild eines dem Objekt ähnelnden Gegenstandes (oder Ortes).

Im nächsten Beispiel (Abbildung 29/Miss Relph, 1883) bestand das Zielobjekt aus der Skizze einer Kreise werfenden Leine. Miss Relph sagte, »sie scheine eine Menge Ringe zu sehen, als wenn sie sich bewegten, bekäme sie aber nicht richtig vor Augen«.

Miss Relphs ASW-Kern hatte die richtige Information aufgenommen, diese hatte aber ein Gefühl von Bewegung ausgelöst, was sie für primär hielt. Ihre Zeichnung zeigt die von ihr geschätzte Form, vermischt mit Assoziationen.

Abbildung 29

Zielzeichnung   Rückmeldung

Im folgenden Beispiel (Abbildung 30, Schmoll-Maibre, 1898) lösten die Assoziationen bestimmte Vorstellungen aus, die wiederum zu drei sehr ausgearbeiteten Rückmeldungen führten. Die »Pfeilförmigkeit« war vom ASW-Kern richtig aufgenommen worden. Die erste Rückmeldung ist richtig, aber das vom System aufgenommene Gefühl von Geschwindigkeit oder Bewegung sollte in die Zeichnung eingefügt werden. In diesem Licht gesehen, sind zwei Rückmeldungen absolut korrekt, während dies bei der mittleren weniger der Fall ist.

Abbildung 30

Zielzeichnung   Rückmeldung

Im folgenden Beispiel (Abbildung 31, Schmoll-Maibre, 1989) hatte der ASW-Kern der Versuchsperson die Information über eine Katze aber dann schnell (und genau) so, wie sie sich eine Katze vorstellte. Die Rückmeldung zeigt nicht die Katze der Zielzeichnung, sondern eine auf dem ASW-Weg der Versuchsperson entstandene Assoziation. Wir haben hier ein gutes Beispiel für die Umwandlung des Ziels in eine allgemeine Vorstellung. Andere Beispiele für diesen Falle sahen wir schon an früherer Stelle in diesem Buch.

Abbildung 31

Zielzeichnung

Rückmeldung

Im nächsten Beispiel (Abbildung 32, Warcollier, 1948) zeigt die Zielzeichnung einen aufgehängten Mann, der vermutlich von einigen Krähen oder Bussarden umflogen wird – ein recht grimmiges Zielobjekt. Die Rückmeldung der Versuchsperson ist eine Mischung aus Assoziationen von etwas Schwingendem und Fliegendem. Die Rückmeldung entfernt sich von den tatsächlichen Formen der Zielzeichnung und legt offen, daß die Zielzeichnung wohl zu komplex war und der Geist sich nur auf eine umfassende Assoziation der Hauptelemente der Zielzeichnung konzentrieren konnte. Trotzdem ist die Rückmeldung nicht vollständig falsch.

Abbildung 32

Zielzeichnung

Rückmeldung

Beim nun folgenden Beispiel (Abbildung 33, Warcollier, 1948) kam es in Zusammenhang mit den Winkelformen im Geist der Versuchsperson zur Assoziation einer Fahne. Die Zielzeichnung ist für den Anfang ganz einfach zu komplex. Selbst wenn man sie mit dem Auge betrachtet, kann man eigentlich gar nichts erkennen. Die Assoziationsmechanismen auf dem ASW-Weg verwandelten sie nun in etwas völlig Falsches. Die Assoziation »löste« die einfließenden Informationen, indem sie alle Winkel zu einem bestimmten Bild zusammenfließen ließ.

Abbildung 33

Zielzeichnung

Rückmeldung

Assoziationen dieser Art sind natürlich nicht wünschenswert, denn sie verwandeln die Zielzeichnung in etwas, was sie nicht ist. Nur ein behutsamer Lernprozeß führt dazu, daß der ASW-Kern und der ASW-Weg schließlich begreifen, daß nicht alle einfließenden Informationen »gelöst« werden müssen. Nehmen Sie Ihren Stift und kennzeichnen Sie diese Assoziationen als solche. Wenn der gesamte ASW-Kern realisiert, daß er keine »Lösungen« dieser Art beizutragen braucht, werden Sie nachlassen.

Das nächste Beispiel (Abbildung 34, Warcollier, 1925) ist wahrlich interessant. 1924 versuchten die Mitglieder seiner New Yorker Gruppe, der Pariser Gruppe etwas zu übertragen. Bei diesem Versuch über eine größere Entfernung zeichnete man als Ziel eine Kobra, die sich – bereit zum Biß – windet und zischt. Zum ausgemachten Zeitpunkt hatte Warcollier in Paris die Vorstellung von der »Bewegung eines Reptils« und zeichnete seinen Eindruck wie folgt auf.

Abbildung 34

Zielzeichnung

Rückmeldung
»Bewegung eines Reptils«

Wie Miss Relphs Rückmeldung auf Seite 169 (Abbildung 29) ist auch Warcolliers Rückmeldung exakt, aber dennoch eine Assoziation, denn Zielobjekt war eine Skizze, die sich nicht wirklich bewegen kann.

Bei einem anderen Versuch, diesmal von Raum zu Raum in Paris, war das Ziel die Skizze von Kopf und Hals einer Giraffe. Die Assoziation bestand in diesem Fall aus einem *Wort.* Die allgemeine Vorstellung von einer Giraffe wurde so weit nach oben befördert, daß sie in ein korrektes Wort übersetzt werden konnte. Dann zeichnete Warcollier (die Versuchsperson) vier »eiswaffel-artige« Gebilde, die mehr oder weniger als Ohren und Hörner eines Tieres interpretiert werden können. Insgesamt betrachtet aber ist die Rückmeldung assoziativer Art – das Zielmotiv selbst wird nicht geliefert.

Abbildung 35

Giraffe

Zielzeichnung   Rückmeldung

Sie werden bemerkt haben, daß zwischen reinen Fehlerbeiträgen durch Phantasie und solchen durch Assoziationen ein qualitativer Unterschied besteht. Im ersten Fall werden die ASW-Informationen durch Einmischung der Phantasie falsch aufgenommen, während im letzteren Fall versucht wird, die ASW-Informationen in einen legitimen Bezugsrahmen zu bringen, was oft erstaunlich gut gelingt. Die tatsächliche Form des Zielobjekts aber verbleibt in dem unter dem Bewußtsein liegenden Teil des ASW-Wegs.

Wenn Sie Ihre eigenen Versuche machen, kennzeichnen Sie Ihre relevanten Assoziationen, wenn auch assoziativ verarbeitet. Mit steigendem Vertrauen in die eigene ASW-Fähigkeit nehmen diese Assoziationen ab. In der Zwischenzeit wird das gesamte System durch Identifizierung und Kennzeichnung der Assoziation lernen.

Verschmelzungsprobleme

müssen aufgrund ihrer größeren Bedeutung unbedingt verstanden werden. Auf den ASW-Kern und ASW-Weg bezogen bezeichnen wir damit einen Vorgang, bei dem die Bestandteile des Zielmotivs wahrgenommen, aber nicht im Sinne eines verständlichen Bildes oder Begriffs miteinander verschmolzen werden.

Die Zeichnung besteht aus Fragmenten und Stücken, entwickelt sich aber nicht zu einem bestimmten Bild. Die Versuchsperson ist in solchen Fällen gestreßt oder fühlt sich verwirrt. Dieser Zustand kann so weit gehen, daß der gesamte ASW-Kern zusammenbricht. Normalerweise würden wir hier von einem vollends destruktiven Vorgang sprechen, nicht mehr jedoch, wenn wir das Geschehene genau betrachten.

Bei Verschmelzungsproblemen gibt es in der Regel *keine* Einmischung der Phantasie oder der assoziativen Vorgänge. In diese »hilfreichen« Kanäle werden die paranormalen Informationen nicht gelenkt. Ein Verschmelzungsproblem zeugt davon, daß der ASW-Kern versucht, ohne Hilfestellung und selbständig mit den Informationen fertig zu werden.

Stellen Sie also bei Ihren Zeichnungen Verschmelzungsprobleme fest, ist dies ein hoffnungsvolles und positives Zeichen dafür, daß der ASW-Kern aktiviert ist und daß auf dem gesamten Weg des Systems automatische Lösungen der Informationen vermieden werden. Ein Verschmelzungsproblem zeigt, daß der aktivierte ASW-Kern bald »lernen« wird, selbständig mit Formen und so weiter fertig zu werden. Die bewußte Extrapolation zieht sich zurück oder wurde bereits eingestellt, und dementsprechend werden bald keine falschen Vorstellungen mehr im Weg stehen.

Somit stellen Verschmelzungsprobleme nicht die Katastrophe dar, für die man sie zunächst halten könnte, sondern sind ein Zeichen für den Lernprozeß des ASW-Kerns.

Die nachfolgenden Beispiele zeigen Ihnen einige Arten von Verschmelzungsproblemen, die, mitunter völlig offensichtlich, manchmal aber auch ganz subtil zutage treten. Studieren Sie diese Beispiele – und Ihre eigenen Bemühungen – aufmerksam. Es ist wirklich bedauernswert, daß die Bedeutung der Verschmelzungsprobleme nicht schon früher erkannt wurde, deuten sie doch auf Lernen und Wachstum hin. Sie sind nicht das verderbliche Phänomen, für das sie in der Vergangenheit gehalten wurden.

Das Phänomen der Verschmelzungsprobleme taucht dann auf, wenn das gesamte System aus Phantasiebeiträgen und Assoziationen gelernt hat. Diese letzteren Phänomene tauchen dann entweder gar nicht mehr oder nur noch reduziert auf. Gleichzeitig aber ist der in der Entwicklung begriffene ASW-Weg noch zu schwach, um mit dem in Stücken und Fragmenten einfließenden Informationen fertig zu werden. Es kann allerdings auch sein, daß das von Ihrem Freund ausgewählte Zielobjekt zu komplex ist. Dann sollten Sie um einfachere Zielmotive bitten.

Das Phänomen der Verschmelzungsprobleme weist mindestens vier Variationen auf, die sich aber nur geringfügig voneinander unterscheiden.

1. Alle Teile werden korrekt wahrgenommen, verbinden sich aber nicht zu einem Ganzen.
2. Einige Teile fügen sich zusammen, andere nicht.
3. Die Verschmelzung erfolgt nur annähernd.
4. Die Teile werden falsch zusammengefügt; alle Teile sind vorhanden, werden aber so miteinander verschmolzen, daß sich ein falsches Bild ergibt.

Ein Beispiel von Sinclair (1930; Abbildung 36) veranschaulicht ein Verschmelzungsproblem so gut, daß es alleine schon repräsentativ für alle anderen Fälle ist. Zielmotiv war ein Hakenkreuz, und die Versuchsperson, Mary Craig Sinclair, versuchte, ihre Eindrücke bis zu dem Punkt zu verarbeiten, an dem sie schließlich aufgab und sagte: »Ich kriege die Teile nicht zusammen«.

Abbildung 36

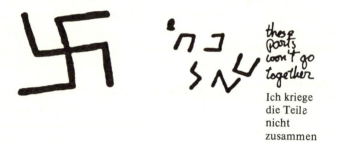

Zielzeichnung   Rückmeldung

Bei einem anderen Bild (Abbildung 37), bestehend aus zwei miteinander boxenden Strichmännchen, hatte Mrs. Sinclair ähnliche Schwierigkeiten.

Abbildung 37

Zielzeichnung   Rückmeldung

Warcollier berichtet über einen Versuch, bei dem fast die gleichen Probleme auftauchten wie bei Mrs. Sinclairs Hakenkreuz. Das Zielmotiv bestand aus einem durch ein großes Kreuz in vier Teile aufgespalteten Blatt. Dieses

Zielmotiv ähnelt in vieler Hinsicht dem Hakenkreuz-Motiv. Was aber noch wichtiger ist: Auch das bei der Rückmeldung demonstrierte Verschmelzungsproblem weist Ähnlichkeiten damit auf, wie wir nachfolgend sehen (Abbildung 38).

Abbildung 38

 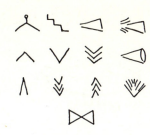

Zielzeichnung   Rückmeldung

Das Phänomen der Verschmelzungsprobleme taucht häufig zum ersten Mal auf, wenn das Zielobjekt für den ASW-Kern der Person zu komplex ist. Es scheint für das Auge einfach auszusehen, ist aber für den unerfahrenen ASW-Kern zuviel. Ein anderer klassischer Fall eines Verschmelzungsproblems (Schrenck-Notzing, 1890) war der Versuch von Frau E., ein Zielmotiv zu erfassen, das aus einem schlecht skizzierten sechszackigen Stern bestand. Nach fünf Versuchen gab sie offensichtlich auf (Abbildung 39).

Abbildung 39

Zielzeichnung   Rückmeldung

Das nun folgende Beispiel (Abbildung 40, Warcollier, 1948) zeigt eine beeindruckende Sammlung angemessener Informationen und ein gleichermaßen beeindruckendes Verschmelzungsproblem. Die Versuchsperson nahm einen Großteil der wichtigen Informationen auf, konnte sie aber nicht zu einem Ganzen zusammenfügen.

Abbildung 40

Zielzeichnung   Rückmeldung

George Albert Smith war 1883 der erste, der bei seinen Zeichnungen eine hohe Qualität erreichte, aber auch er erfuhr die Probleme der Verschmelzung. Im nachfolgenden Beispiel (Abbildung 41) bestand das Zielmotiv aus einer ovalen Form auf einem Dreieck, wobei beide Formen mit einem Kreuz versehen waren. Smith berichtete: »Ich sehe ein Ding mit drei Ecken, und dann ist da irgendwo noch so etwas wie das Ei einer Ente«. Auch sprach er davon, den Eindruck eines Kreuzes direkt über dem Ei zu haben.

Abbildung 41

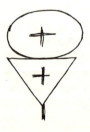

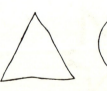

Zielzeichnung   Rückmeldung

Während Smith bei diesem Beispiel die beiden wichtigsten Elemente der Zielzeichnung erkannte, erfaßte er nicht die zwischen ihnen bestehende Beziehung. Obwohl er den Eindruck von einem Kreuz an irgendeiner Stelle hatte, fehlen doch einige Informationen.

Ein weiteres Beispiel von Smith zeigt eine annähernde Verschmelzung, wobei auch die allgemeine Vorstellung bereits vorhanden ist (Abbildung 42).

Abbildung 42

Zielzeichnung   Rückmeldung

Im folgenden Beispiel (Abbildung 43) hatte Fräulein A. (1898) Zusammenfügungsprobleme mit einem schwarzen Quadrat, in dem sich ein weißer Kreis befand. Für uns ein wirklich einfaches Zielmotiv. Für ihren ASW-Kern und dessen unerfahrene Wege aber stellte sich dieses einfache Arrangement als problematisch heraus. Ihre Zeichnung zeigt, daß es erst beim dritten Versuch zu einer teilweisen Verschmelzung kam.

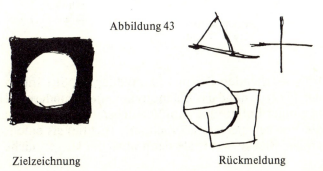

Abbildung 43

Zielzeichnung   Rückmeldung

179

Abbildung 44

Zielbild   Ultramoderner Kuppelbau

rostrote
Farbe

wie ein   Quadrat, aber
Teil eines   runde Seiten
Karussells

Große
Blöcke

vier
schwarze
Streifen

Rückmeldung
Viewer 372 SRI (1977)

Im vorstehenden Beispiel (Abbildung 44, SRI International, 1979) bestand das Zielmotiv aus einem modernen Haus
in einiger Entfernung zum Versuchsraum. Zunächst nahm
die Versuchsperson das Zielmotiv (richtig) als eine Reihe
großer Blöcke wahr; als dann aber die kurvenreiche Be-

schaffenheit verarbeitet werden sollte, kam es zu Verschmelzungsproblemen. Die vier schwarzen Streifen unten in der Rückmeldung könnten den schwarzen schmiedeeisernen Zaun des Geländes wiedergeben.

Das Phänomen der Verschmelzungsprobleme taucht bei Versuchen immer wieder auf und verschwindet auch wieder. Wie bereits erwähnt, deutet es an, daß der ASW-Kern dabei ist, effektiver zu arbeiten. Es kann aber auch ein Zeichen dafür sein, daß das Zielmotiv zu schwierig für die derzeitigen Fähigkeiten des ASW-Kerns ist, und manchmal ist es auch ein Zeichen von Müdigkeit im ASW-Kern selbst, also nicht ein Zeichen für physische oder geistige Müdigkeit. Im letzteren Fall sollte man dann nicht sofort den nächsten Versuch machen. Eine Müdigkeit des Kerns deutet an, daß Sie zuviel trainieren.

Beginnen Sie Ihre Versuche mit einfachen Zielmotiven und wählen Sie erst dann komplexere Ziele, wenn Sie schon fortgeschritten sind. Dies wird eine Weile dauern, aber mit der Zeit werden Sie schon den Unterschied zwischen Ihren ersten und Ihren letzten Ergebnissen feststellen.

Treffer

Es gibt unterschiedliche Arten von Treffern, von denen ich hier die am häufigsten auftretenden aufliste:

1. In jeder Hinsicht korrekt
2. Korrekt, aber mit einigen Verzerrungen
3. Korrekt, aber es wurde etwas hinzugefügt
4. Korrekt, aber einige Informationen fehlen
5. Korrekt, aber erst nach zwei oder mehr Versuchen
6. Nur ein oder mehrere Teile wurden wahrgenommen
7. Einzelheiten wahrgenommen, aber nicht alles
8. Verhältnisse korrekt wahrgenommen
9. Allgemeine Vorstellung korrekt
10. Korrekt, aber überentwickelt
11. Korrekt, aber mit umgedrehten Elementen

Treffer sollten genauso wie Fehlerbeiträge besonders untersucht werden. Auch aus ihnen können wir lernen. Sie tragen dazu bei, daß das Vertrauen in unser System wächst und helfen uns, den besonderen Regeln und Gesetzen des Psi-Nukleus und ASW-Kerns zu vertrauen.

Im folgenden Beispiel (Abbildung 45, G. A. Smith, 1883) ist die Rückmeldung korrekt, aber die einzelnen Elemente wurden verdreht. Technisch gesehen könnte man auch von Verschmelzungsproblemen sprechen, aber Kopf und Quadrat sind vertauscht, obwohl beide Elemente richtig wahrgenommen wurden.

Abbildung 45

 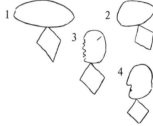

Zielzeichnung   Rückmeldung

Im folgenden Beispiel (Abbildung 46, Miss Relph, 1884) ist die verarbeitete Information korrekt, aber die Seiten sind vertauscht.

Abbildung 46

Zielzeichnung   Rückmeldung

Es folgt ein Beispiel für eine korrekte, aber überentwickelte Rückmeldung (Abbildung 47, Fräulein E., 1890).

Abbildung 47

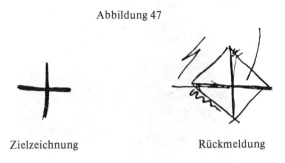

Zielzeichnung   Rückmeldung

Im nächsten Beispiel (Abbildung 48) ist die allgemeine Vorstellung richtig (Miss Edwards, 1884).

Abbildung 48

Zielzeichnung   Rückmeldung

Miss E. sagte nahezu sofort: »Denken Sie an irgend etwas auf dem Meeresgrund, mit Muscheln und Fischen« und dann: »Ist es eine Schnecke oder ein Fisch?« – dann erstellte sie die vorstehende Zeichnung.

Im folgenden Fall von Fernwahrnehmung (Abbildung 49, SRI-Versuch) sah die Versuchsperson nur Teile eines entfernten Hauses, das als Zielmotiv ausgesucht worden war. Ihr ASW-Kern verarbeitete einige Informationen, die sich auf die Türmchen und Verandapfeiler bezogen. Dies führte zu einer Rückmeldung, die nur teilweise richtig war und in der viele andere Informationen fehlten.

Abbildung 49

Zielbild   Ein viktorianisches Haus

Rückmeldung
Viewer 518 SRI (1977)

Im folgenden Beispiel (Abbildung 50, Miss Edwards, 1884) wurde nur ein Teil der Zielinformationen verarbeitet, aber dieser Teil ist korrekt.

Abbildung 50

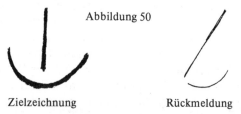

Zielzeichnung   Rückmeldung

Es folgt ein hervorragendes Beispiel (Abbildung 51, Schmoll-Maibre, 1898) für im Zuge von zwei oder mehreren Versuchen dargelegte richtige Informationen. Es fehlt nur ein geringfügiger Teil.

Abbildung 51

Zielzeichnung   Rückmeldung

Bei dem folgenden Experiment (Abbildung 52) wurde eine Uhr als Zielobjekt benutzt (Sinclair, 1930). Mrs. Sinclair zeichnete die meisten Informationen auf, aber einige fehlen.

Abbildung 52

Zielzeichnung   Rückmeldung

In Abbildung 53 (Warcollier, 1945) verarbeitete die Versuchsperson den Großteil der Informationen über das Zielmotiv, fügte dann aber etwas Einzigartiges aus der eigenen Phantasie hinzu. Ein gutes Beispiel für eine im Grunde genommen richtige Rückmeldung, der aber etwas hinzugefügt wurde.

Abbildung 53

Zielzeichnung   Rückmeldung

Es folgt ein Beispiel für einen richtigen Eindruck mit einigen hinzugefügten Verzerrungen (Abbildung 54, Warcollier, 1945). Auch fehlt ein großer Teil von Informationen, aber damit muß man rechnen, wenn das Zielmaterial zu umfangreich ist.

Abbildung 54

Zielbild   Rückmeldung

Korrekt in jeder Hinsicht werden Rückmeldungen genannt, die nur korrekte Informationen enthalten. Es mögen einige Informationen über das Ziel fehlen, aber alles Aufgezeichnete ist richtig. Oft liegt uns dann eine Zeichnung des gesamten Zielmotivs vor; ist dieses allerdings groß oder komplex, enthält die Rückmeldung oft nur Teile des Zielmotivs. Für unser Auge ist das etwas ganz Natürliches. Es betrachtet ein Zielobjekt Stück für Stück, erst einen Aspekt, dann den nächsten. Unsere Augen sehen nie die gesamte Szene auf einmal. Die Szene wird aufgebaut, wobei man mit dem wichtigsten und herausragendsten Teil beginnt und dann zu den Einzelheiten übergeht. Der ASW-Kern scheint auf die gleiche Art und Weise vorzugehen.

Abbildung 55 (Warcollier, 1945) zeigt ein hervorragendes Beispiel für diese Art von Treffer. Zielobjekt war ein Foto eines Kleinluftschiffes in einem Schuppen. Die außersinnliche Wahrnehmung konzentrierte sich zunächst auf den herausragendsten Teil des Fotos, das Kleinluftschiff selbst, und ging dann zu den Einzelheiten über.

Abbildung 55

Zielbild

Rückmeldung

Ein kleiner Test

Es folgen sechs Zeichnungen zusammen mit ihren Zielmotiven. Überprüfen Sie, ob Sie die Eigenschaften aller sechs Zeichnungen herausfinden können, bevor Sie zu den nachfolgenden Antworten übergehen. Dies ist eine gute Übung, um das lahme Gehirn in Bewegung zu bringen, wenn Sie so wollen. Ich würde gern noch hundert weitere Beispiele bringen, aber das würde den Rahmen dieses Buches sprengen.

Hier nun der Test:

Abbildung 56
Nummer Eins

   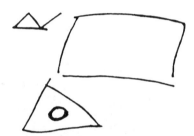

Zielzeichnung   Rückmeldung

Abbildung 57
Nummer Zwei

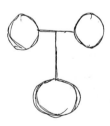   

Zielzeichnung   Rückmeldung

Abbildung 58
Nummer Drei

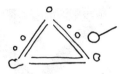

Zielzeichnung   Rückmeldung

Abbildung 59
Nummer Vier

Zielzeichnung    Rückmeldung

Abbildung 60
Nummer Fünf

Zielzeichnung   Rückmeldung

Abbildung 61
Nummer Sechs

Zielzeichnung   Rückmeldung

Antworten

1. Korrekt nach zwei oder mehr Versuchen (Fräulein E., 1890)
2. Korrekt, aber einige Informationen fehlen (G. A. Smith, 1883)
3. Korrekt, aber einige Informationen fehlen und einige phantasiebedingte Vorstellungen wurden hinzugefügt (Warcollier, 1945)
4. Verschmelzungsprobleme (Sinclair, 1930)
5. Nur eine allgemeine Vorstellung (G. A. Smith, 1883)
6. Korrekt (Kate Smith, 1884)

Sie sehen also, daß es gar nicht so schwer ist, die verschiedenen Elemente oder Qualitäten einer Zeichnung zu erkennen. Wenn Sie mit der Analyse Ihrer eigenen Bilder beginnen, denken Sie immer daran, daß »Information« das Schlüsselwort ist. Achten Sie bei Ihrer Zeichnung auf die Elemente, die dem Zielobjekt entsprechen. Sagen Sie nicht: »Das muß ein Zufall sein«, wie so viele Parapsychologen es tun. Denn das können wir nun mal nicht beurteilen. Gehen Sie davon aus, daß es ASW-Informationen *sind,* die den Weg zurückgelegt haben. Je mehr Zeichnungen Sie anfertigen, desto mehr Informationen werden durchkommen. Der ASW-Kern ist aktiviert und lernt.

Jede Person ist anders

Zunächst werden Sie einige oder sogar alle der genannten Eigenschaften in Ihren Zeichnungen vorfinden, aber nicht in einer bestimmten Reihenfolge. Wenn der ASW-Weg aber ausgeprägter wird und sich mehr in das System (des Unbewußten und des Bewußtseins) integriert, werden viele dieser beiläufigen Symptome einfach verschwinden. Das Intuitionssystem des einzelnen scheint das Steuer in die Hand zu nehmen, und die Zeichnungen werden mehr und mehr organisiert.

Was allerdings immer passieren wird, ist, daß das System durch Höhen und Tiefen stärker wird. Es mag zunächst zu spontanen unverfälschten Ergebnissen kommen, gefolgt von einer Reihe von Fehlschlägen. Dann plötzlich macht das System wieder einen qualitativen Sprung nach vorne, und wieder folgt eine schwierige Phase. Dies kann mehrmals passieren, bis das System sich eingependelt und in einer vorhersagbaren Harmonie mit dem Psi-Nukleus arbeitet.

Wir können davon ausgehen, daß die geistige Verschalung des ASW-Kerns sich während dieser Sprünge und Anläufe aufgrund der Erfahrung des aktivierten ASW-Kerns neu gestaltet. Seien Sie also nicht entmutigt, wenn Sie nach guter Arbeit plötzlich wieder eine Phase der Verwirrung erleben.

13. Welche Realität verbirgt sich hinter den Zeichnungen?

Paranormale Zeichnungen tauchten erstmals im Jahre 1882 auf und kamen während der darauffolgenden hundert Jahre hier und da wieder ans Tageslicht. In ihrer Gesamtheit bestätigen sie die Existenz der außersinnlichen Wahrnehmung, und das sogar besser und vollständiger als irgendeine andere Herangehensweise in der Parapsychologie.

Zum Abschluß dieses Buches mache ich den Leser darauf aufmerksam, was diese Zeichnungen in sich selbst repräsentieren, abgesehen davon, daß sie ein gegebenes Zielmotiv wiedergeben. Ich möchte die zentralen Verarbeitungsschwierigkeiten hervorheben, die der einzelne beim Wahrnehmungsvorgang erfahren mag.

Zeichnungen wurden von Menschen aller Altersklassen und Schichten angefertigt. Kinder und Jugendliche ohne Psi-Erfahrungen sind dazu genauso befähigt wie reife, entwickelte Sensitive.

Wenn wir überhaupt von etwas überzeugt sein können, dann von den von Ihnen selbst angefertigten Zeichnungen. René Warcollier gab dazu in seinem 1945 erschienenen Buch *Mind to Mind* die deutlichste Erklärung ab, als er sagte, für ihn bestehe überhaupt kein Zweifel daran, daß Zeichnungsexperimente bei Anwendung statistisch gültiger Auswertungsmethoden wirklich wiederholbar seien, und zwar in dem Sinne, daß jeder, der sich wirklich bemühe, die gleichen Resultate erzielen könne wie andere vor ihm. Er fuhr fort und sagte, er glaube, daß diejenigen, die solche Versuche selbst durchführten, überzeugt werden würden.

Überzeugt wovon? Warcollier arbeitete im Rahmen des Telepathie-Konzepts unter Einsatz von Sendern und Empfängern von Paris bis New York oder wo auch immer. Für sie hatte es den Anschein, daß »Telepathie« die aktive, hinter den Zeichnungen verborgene Realität sei. Aber seitdem wurden Zeichnungen auch außerhalb des Telepathie-Konzepts angefertigt, Zeichnungen von unbelebten, nicht näher bestimmten Objekten, die in Dosen oder irgendwo am anderen Ende der Welt verborgen waren, und Zeichnungen im Rahmen von Versuchen, die aufzeigen sollten, ob eine sensitive Person eine zukünftige, bis dahin von niemandem geplante Situation vorhersagen könne.

Die Existenz der Zeichnungen mag bis zu einem gewissen Grad unsere derzeitigen Konzepte von Telepathie, Hellsehen und Präkognition (und Postkognition) stärken. Betrachtet man sie aber als Ganzes und nicht als *Produkt* dieser Etiketten, deuten sie auf eine größere, allgemeinere Wirklichkeit hin.

In diesem Buch habe ich aufgezeigt, wie die Probleme des Verbalisierens und der Wortfindung durch Zeichnungen umgangen werden können. Worte eignet man sich auf kultureller Ebene an, und sie teilen die Menschen in verschiedene Sprachgruppen ein. Wir konnten aber sehen, daß bei den Zeichnungsvorgängen normalerweise dann mit Worten gearbeitet wurde, wenn ein durch eine Zeichnung nicht ohne weiteres aufzeigbares Element beschrieben werden sollte – ein Gefühl, eine Emotion oder andere feine Nuancen.

Ich habe ferner eine Besonderheit aller Zeichnungen hervorgehoben, nämlich ihre Ähnlichkeiten, die im allgemeinen so offensichtlich sind, daß man meinen könnte, alle Zeichnungen stammten von ein und derselben Person, wüßte man nicht, daß sie über ein ganzes Jahrhundert hinweg von verschiedenen Menschen angefertigt wurden. Ich denke, daß es ein großer Fehler war, nicht zu erkennen, daß Zeichnungen mehr als nur Skizzen sind. Man betrachtete sie – fast automatisch – als die künstlerische Wiedergabe der Eindrücke einer Person, bei der eben Kunst statt Worte für die Niederlegung der paranormalen Eindrücke benutzt wurde. Dies ist *nicht* der Fall.

Ich bin Künstler, wie auch Hella Hammid und einige andere Zeichner Künstler gewesen sind. Und ich kann

Ihnen versichern, daß ich besser zeichnen kann, als es aus diesen Zeichnungen ersichtlich wird. Die meisten der Zeichner waren allerdings keine Künstler. Viele stellten sich selbst als Menschen vor, die nicht zeichnen könnten und auch wirklich keinen künstlerischen Hintergrund hatten.

Die relative Mühelosigkeit, mit der ein Bild von einem Nichtkünstler hergestellt werden kann, läßt zusammen mit der herausragenden Ähnlichkeit aller Zeichnungen vermuten, daß sie kein Produkt des künstlerischen Prozesses des einzelnen sind, sondern eine Art Basis-Psi-Sprache darstellen. Eine Sprache, die von allen Parapsychologen schlichtweg ignoriert wurde.

Die Psi-Bildersprache hat ein allen Zeichnern gemeinsames Element. Sie übersetzt die einfließenden paranormalen Informationen in grundlegende Formen, die dann vom ASW-System des einzelnen und vom Bewußtsein erkannt werden. Dieser Mechanismus geht selten über seine spezifische Aufgabe hinaus, und es ist recht ungewöhnlich, wenn man Bilder findet, die plötzlich hoch künstlerisch sind. Wenn dies dennoch der Fall ist, werden wir wahrscheinlich entdecken, daß es auf die Tätigkeit des Bewußtseins zurückzuführen ist, durch die Lücken in der Wahrnehmung gefüllt werden sollten und auf fehlerhafte Weise gefüllt wurden.

Ursprungsgetreue Beispiele von Zeichnungen zeigen so etwas wie eine Psi-Bilderkurzschrift – kurz, knapp und auf den Punkt gebracht. Mit zunehmender Erfahrung werden die Zeichnungen sicherlich genauer, was die Einzelheiten und Bezugnahmen anbetrifft, aber die Kurzschrift-Qualität bleibt erhalten. Es ist diese zugrundeliegende formgebende Eigenschaft, die zu der Ähnlichkeit aller Zeichnungen führt. Die aufgedeckten Gemeinsamkeiten sagen uns, daß wir es mit einer Art Psi-Sprache und nicht mit der künstlerischen Neigung einer Person zu tun haben.

Wie alle Physiologen und Psychologen seit einiger Zeit wissen, liegt die Wahrnehmung der Form jeder Art von Wahrnehmung zugrunde. Es ist eine primäre Funktion, um die herum sich alle zusätzlichen Wahrnehmungssysteme der organischen Einheit organisieren. Die Wahrnehmung der Form findet normalerweise automatisch statt, das heißt in den Teilen in uns, die unter dem Bewußtsein liegen. Müßte das Bewußtsein jede angetroffene Form wieder neu analysieren, wäre das Leben wirklich eine ganz unangenehme Aufgabe. Das Erkennen von Formen läuft automatisch und spontan ab.

Und genau auf dieser nichtbewußten, automatischen und spontanen Ebene treffen wir auch die Psi-Zeichnungen an. Wir können folgende Szene aufbauen: Das tiefere Selbst ist an die immensen Weiten der zweiten Wirklichkeit angeschlossen, in der Raum und Zeit irrelevant sind. Im Rahmen der sensitiven Tätigkeit sucht der Psi-Nukleus aus dieser Realität Informationen aus, die der ASW-Kern zu verarbeiten und unverzüglich zu formen beginnt. Diese unverzüglich gegebene Form findet ihren Ausdruck in einer Art Bildersprache, die im Hinblick auf alle ihre Eigenschaften universell ist. Erst auf der zweiten Stufe der Interpretation werden Sprachkomponenten eingeführt, und dann in der Sprache des einzelnen.

Es ist wichtig anzumerken, daß die Psi-Zeichnungen nur in ihrem paranormalen Aspekt einzigartig sind. Ansonsten sind sie mit den Zeichnungen von Kindern, mit Gekritzel und Strukturskizzen von Künstlern, Architekten und Erfindern eng verwandt.

Im Jahre 1973, als ich herauszufinden versuchte, was die Zeichnungen besagen, begann ich mit meiner Suche in der Literatur, die mit Parapsychologie nichts zu tun hat. Rudolf Arnheims bekanntes Buch *Kunst und Sehen* war von besonderer Bedeutung, besonders das vierte Kapitel mit dem Titel »Wachstum«. Unter anderem behandelt er in diesem Kapitel die Frage: »Warum zeichnen Kinder so?« und gibt viele Beispiele von Kinderzeichnungen, die in bezug auf die Form die gleichen Eigenschaften aufweisen wie die Psi-Zeichnungen. Arnheim macht die aufschlußreiche Feststellung:

Ich habe von Anfang an betont, daß wir dem Wesen der

visuellen Darstellung niemals näherkommen werden, wenn wir versuchen, sie unmittelbar von den optischen Projektionen der körperlichen Gegensätze herzuleiten, die unsere Welt ausmachen. (Künstlerische) Bilder und Skulpturen jeden Stils besitzen Eigenschaften, die sich nicht einfach als Abwandlung des durch die Sinne aufgenommenen Wahrnehmungsmaterials erklären lassen ...

Wenn wir die von den Linsen unserer Augen erzeugten optischen Projektionen als Ausgangspunkt für das Seherlebnis nehmen würden, müßten wir erwarten, daß die frühesten Versuche einer bildhaften Darstellung sich so genau wie möglich an diese Projektion halten würden ... Jede Abweichung von diesem Modell, so müßten wir annehmen, wäre eine spätere Entwicklung, der Freiheit einer gereiften Erfahrung vorbehalten. Statt dessen trifft das genaue Gegenteil zu. Die frühen Kinderzeichnungen zeigen weder die vorhergesagte Anpassung an die realistische Erscheinung noch die erwarteten Raumprojektionen.[1]

In der Tat, Kinder verwenden beim Zeichnen das, was Arnheim als »Darstellungsbegriffe« bezeichnet, und genau das sind die paranormalen Zeichnungen auch, wenn wir sie genau unter die Lupe nehmen. Darstellungsbegriffe sind das Äquivalent des visuellen Konzepts, das wir ansonsten auszudrücken gewillt wären. Aber diese Darstellungsbegriffe werden irgendwo innerhalb der Topographie unseres tieferen Selbst hergestellt und tragen immer Attribute eines vorbewußten Prozesses, ob nun bei Kindern oder bei Erwachsenen.

In Arnheims Buch werden auch der Wert der geschwungenen, vertikalen oder horizontalen Linie und die Differenzierung und Verschmelzung von Teilen behandelt, also

1 Rudolf Arnheim: Kunst und Sehen · Eine Psychologie des schöpferischen Auges; Verlag Walter de Gruyter, Berlin – New York, 1978 (Neufassung), Seite 158.

mehrere Phänomene, auf die Sie auch bei Ihren eigenen paranormalen Zeichnungen stoßen werden. Wenn Sie Ihre Versuche mit aller Ernsthaftigkeit durchführen wollen, empfehle ich Ihnen die Lektüre von Arnheims Buch.

Als ich am Manuskript für dieses Buch arbeitete, erhielten die im Manuskript präsentierten Ideen unerwartete Unterstützung durch ein neues, gerade erschienenes Buch. Es enthüllt die Bedeutung von Zeichnungen und das bewußte Phänomen, das die Zeichnungsvorgänge charakterisiert.

Betty Edwards (Autorin von *Garantiert zeichnen lernen – Das Geheimnis der rechten Hemisphäre und die Befreiung unserer schöpferischen Gestaltungskräfte)* untersucht in ihrem Buch *Der Künstler in dir* bis ins letzte Detail die grundlegenden emotionalen und intuitiven Aspekte von Zeichnungen und die allen Zeichnungen gemeinsamen Eigenschaften. Ihr Buch enthält eine Menge Beispiele von Zeichnungen, die enge Verwandtschaften zu paranormalen Zeichnungen und auf der Grundlage von Darstellungsbegriffen angefertigten Kinderzeichnungen aufweisen. Sie spricht hier von »Analogiezeichnungen«, und die von ihnen produzierten Strukturen weisen nach ihren Angaben auf die Universalität »sentischer« Formen hin, die von dem Neurophysiologen und Musiker Manfred Clynes beobachtet wurden.

Aber ob man sie nun Analogiezeichnungen, Darstellungsbegriffe oder paranormale Zeichnungen nennt, Edwards erfaßt sie alle mit einer krönenden Aussage:

Wenn ich das Problem der Komplexität ausklammere und einen Schritt weitergehe, kann ich die Behauptung aufstellen, daß eine nonverbale, visuelle Sprache des Zeichnens als Parallele zur verbalen Sprache existiert. Die Sprache des Zeichnens ist natürlich nicht die einzige mögliche Parallele zur verbalen Sprache. Offenbar gibt es viele nonverbale Sprachen: die des Klangs (Musik), die der Bewegung (Tanz oder Sport), die des abstrakten, symbolischen Denkens (Mathematik und Naturwissenschaften), die der Farbe (Malen), die des Films, siehe Orwells

Vorstellung), und die Sprache der Natur selbst, zum Beispiel den genetischen Code.[2]

An späterer Stelle in ihrem Buch führt Edwards den Begriff»Es denkt« ein. Sie bezieht sich damit auf das innere Etwas neben oder außerhalb des Bewußtseins, daß selber damit beschäftigt ist, Konzepte zu konstruieren, die später in relativ vollständiger Form in das Bewußtsein hochbefördert werden. Wir verstehen jetzt, daß diese Phänomene mit den durch paranormale Zeichnungen offengelegten Funktionen ganz klar verwandt sind. Die paranormalen Zeichnungen sind (wie Darstellungsbegriffe oder Analogiezeichnungen) eine Form der Sprache, die das unbewußte paranormale »Es denkt« benutzt, um die Dinge im für unsere physikalischen Sinne unsichtbaren Universum, die der Psi-Nukleus wahrnimmt, ins Bewußtsein zu befördern. Die Lektüre von Edwards Buch ist Pflicht. Es hilft Ihnen nicht nur, Ihre spontanen Zeichnungsfähigkeiten freizusetzen, sondern liefert auch eine exzellente Grundlage für den Bereich dieser Bildersprache.

Alle diese Phänomene sind zweifellos sehr wichtig, um mit den wesentlichen Teilen der außersinnlichen Wahrnehmung zurechtzukommen. Aber ich meine, es gibt noch eine weit darüber hinausgehende Bedeutung. Da der ASW-Kern universeller Art und allen Menschen eigen ist, trägt er viel mehr zu einer universellen paranormalen Verbindung bei, als alle anderen Elemente unseres Bewußtseins oder Frontalbewußtseins. Die modern gewordene Konzentration auf die Erhebung der Individualität hat nicht dazu beigetragen, die Krankheiten und Übel dieser Welt zu beseitigen oder die Gefahren aufzulösen, die ständig größer zu werden scheinen.

Der Trend des neuen Zeitalters bewegt sich in Richtung Selbsterkenntnis und einer tieferen Teilhabe an den Energien und Kräften, die dem einzelnen zugrundeliegen, der

---

2 Betty Edwards: *Der Künstler in dir,* Rowohlt Verlag, Hamburg, 1987, Seite 76.

dadurch, daß er oft nicht in Einklang mit dem Ganzen handelt, zur Gesamtkatastrophe beiträgt. Der derzeitige Trend, der vor ungefähr zweihundert Jahren begann, orientiert sich an Geschwindigkeit und verstärktem Individualismus. Wie die umstrittene Kunstkritikerin Suzi Gablik sagt:

> Die moderne Zeit hat dem Individuum die Hoffnung genommen, außerhalb seiner selbst noch etwas Gutes zu finden. Auch heute herrscht noch die alle Schichten durchdringende Meinung vor, der Künstler könne nur durch die Trennung von sozialen Regeln seine eigene individuelle Identität erreichen. Freiheit und soziale Verpflichtungen erfahren wir in der heutigen Welt als Gegenpole, die sich gegenseitig nur im Weg stehen. Das Leben des Berufstätigen ist durch keine andere Aufgabe als die der Realisierung der beruflichen Ziele gezeichnet ... Es fällt mir mehr und mehr auf, daß die praktischen Konsequenzen dieser Haltung angesichts der eskalierenden Gefahren für unseren Planeten immer offensichtlicher werden. Unsere modernistische Auffassung von Freiheit und Autonomie ... grenzt langsam an Naivität.[3]

Gablik spricht von dem modernen Künstler, aber ihre Kritik kann zu einer Kritik an der Welt erhoben werden.

In der Parapsychologie wird die ASW als individuelles Talent betrachtet, als ein spezieller individueller Kopf-Körper-Geist-Mechanismus, den die Parapsychologie zu entdecken bestrebt ist. Aber was ist, wenn ASW etwas anderes ist? Was ist, wenn außersinnliche Wahrnehmung eine unermeßliche, nicht rein individuelle, gigantische Ebene darstellt, die die Menschheit mit sich selbst und allem Existierenden verbindet, und wenn Sensitive nur insofern etwas Besonderes sind, als sie in diese Ebene besser integriert sind, während andere sich aus dem einen oder anderen Grunde von ihr distanziert haben?

3 Suzi Gablik: »Changing Paradigmus«, New Art Examiner, Juni 1985, Seite 20.

Mit dieser Auffassung wird die Standardauffassung der Parapsychologie über ASW und entsprechende Begabungen auf den Kopf gestellt. Wird sie aber angenommen, bietet sich für viele offenbare Rätsel eine sofortige Lösung an. Beispielsweise erklärt sie, warum mangelnder Glaube die ASW beeinträchtigt. Durch ihn distanziert die Person sich nämlich so stark von der ASW-Ebene, daß sie den Anschluß zu ihr verliert. Die Quelle der ASW-Informationen, insbesondere im Hinblick auf Menschen, wird erklärbar. Auf tiefster Ebene sind wir *alle* miteinander verbunden.

Die mit dieser Anschauung verbundenen Implikationen sind enorm, entsprechen aber dem fortgeschrittenen Denken in der Physik, die in Zusammenhang mit dieser untereinander bestehenden Verflochtenheit häufig von »Feldtheorie« oder »Feldbegriff« spricht. In ihrem einschneidenden Buch *The Cosmic Web* hat N. Katherine Hayles dieses Konzept so klar definiert, daß ich sie hier zitieren muß.

Der vielleicht wesentlichste Aspekt des Feldbegriffs ist die Idee, daß die Dinge *miteinander verbunden sind.* Die rigorosesten Formulierungen dieser Idee bietet die moderne Physik. Im starken Kontrast zu der atomistischen Newtonschen Idee der Realität, nach der physische Objekte einzeln existieren und Ereignisse unabhängig voneinander und vom Beobachter eintreten, spricht die Feldtheorie von einer Realität, in der Objekte, Ereignisse und Beobachter durch ein unauflösbares Band miteinander verbunden sind; danach wird die Disposition eines jeden – mitunter auf dramatische, mitunter auf subtile Weise, aber auf jeden Fall auf irgendeine Art und Weise – durch die Disposition der anderen beeinflußt.[4]

Für diese Verflochtenheit gibt es viele konkrete Beispiele. Die Wissenschaft hat jetzt herausgefunden, daß Vogel-

---

4 N. Katherine Hayles: *The Cosmic Web: Scientific Field Models and Literary Strategies in the Twentieth Century,* Cornell University Press, Ithaca und London, 1984, Seite 9f.

scharen während des Flugs nicht einfach einem Anführer folgen, wie man anfangs vermutete. Wenn die Schar umkehrt, kehrt sie als Schar um, da sie selbst ein miteinander verflochtener Organismus ist. Carroll Nash, ein Biologe und Parapsychologe, und seine Kollegen an der *St. Joseph's University* in Philadelphia haben gezeigt, daß die Wachstumsrate von Bakterien durch die mentale Absicht einer sich darauf konzentrierenden Menschengruppe beeinträchtigt werden kann. Viele frühe Versuche zur Überprüfung der »Wirksamkeit von Gebeten« führten zu positiven Ergebnissen. Auch hat es sich herausgestellt, daß eine musikalische Umgebung das Wachstum von Pflanzen anregt, soweit die Musik harmonisch ist –, bei Rockmusik verwelken oder sterben viele Pflanzen.

Beispiele wie diese haben alle eins gemein – sie weisen auf eine informationsaustauschende Umgebung hin, die auf Ebenen unterhalb unserer Bewußtheit liegt, *und* sie demonstrieren, daß bewußt eingenommene mentale Haltungen eine Rückwirkung auf das informationsaustauschende System haben und es beeinflussen.

Dies ist völlig analog zur ASW. Umgebungen, die von einer positiven Haltung zur ASW geprägt sind, lassen ein spontanes Auftreten der ASW zu und fördern es. In Anwesenheit einer sehr stark sensitiven Person treten ASW-Erfahrungen auch bei anderen Personen auf. Auch das Gegenteil stimmt. Ich bin schon in mindestens drei parapsychologischen Versuchsräumen gewesen, in denen der Versuchsleiter erklärte, in seiner Anwesenheit sei es noch nie zu ASW-Erlebnissen gekommen. Die Berichte über die Arbeiten solcher Forscher belegen, daß ASW bei ihren Experimenten nie oder höchst selten auftritt.

Der Unterschied zwischen diesen beiden Extremen liegt darin, daß die zugrundeliegenden, verbindenden Ebenen in den negativen Fällen abgeschnitten, in den positiven aber verstärkt werden. Die ASW-Wege des einzelnen *orientieren sich* in bestärkenden Umgebungen *selbst um,* so daß ASW schon bald von der Mehrheit in dieser Umgebung erfahren werden kann.

All diese Tatsachen geben uns Anlaß zu glauben, daß eine wirkliche Verbindung zwischen Menschen auf außersinnlicher Ebene stattfindet. Eine rein intellektuelle Kommunikation bringt die Menschen nicht zusammen, sondern manifestiert die individuellen Unterschiede, die schon bald in einen Konflikt ausarten können.

So gesehen ist eine Person um so mehr an die unterhalb der bewußten Individuation liegenden größeren Realitäten angeschlossen, je stärker ihre Verbindung zum eigenen ASW-Kern und Psi-Nukleus ist.

Wenn einhundert Menschen sich auf einen gemeinsamen Nenner einigen, mit ihrem Psi-Nukleus Verbindung aufnehmen könnten und durch eigene Versuche, Selbsterkenntnis und Erleuchtung wüßten, daß seine Existenz eine Tatsache ist, dann könnten wir auf einige wirkliche Veränderungen hoffen, nicht nur was das Auftauchen der ASW angeht, sondern auch auf der zugrundeliegenden gemeinsamen Ebene, die die gesamte Menschheit miteinander verbindet. Und wenn diese Bemühungen dann noch durch Menschen, die sich dem Frieden und der Lösung der Probleme der Öko- und Biosphäre widmen, um ein Hundertfaches erweitert würden, dann wäre ein neues Zeitalter vielleicht wirklich angebrochen.

Solche Ereignisse kämen einer umfassenden Wiederintegration der objektiven Welt mit den vitalen Elementen der zweiten Wirklichkeit gleich.

Zeichnungen, die oberflächlich gesehen so naiv anmuten, helfen Ihnen dabei, ein verborgenes Objekt zu identifizieren. Was aber noch viel wichtiger ist: Sie helfen dabei, den in der Welt ganz offenbar fehlenden Faktor der außersinnlichen Verbindung wiederaufzubauen. Daher ist eine Bestärkung der eigenen ASW durch das relativ simple Werkzeug der Experimente mit Zeichnungen ein sehr wichtiger Beitrag zur Orientierung auf ein neues Zeitalter. Wie so viele es bestätigen können, sind diese Zeichnungen lediglich der erste Schritt eines Eintritts in die größeren außersinnlichen Realitäten, aber wohlgemerkt ein sehr wichtiger.

Suchen Sie also Ihren Mitarbeiter, stellen Sie ihre Versuchsgruppe zusammen, und legen Sie los. Ich bin einer derjenigen, die gerne von Ihrem Fortschritt hören würden.

Ingo Swann
c/o Bantam Books, Inc.
666 Fifth Avenue
New York, N. Y. 10103

14. ASW und die Zukunft

Zum ersten Mal in der Geschichte bekunden die Regierungen mehr als nur beiläufiges Interesse an den potentiellen Anwendungsmöglichkeiten der ASW. Das Interesse bezieht sich nicht nur auf die Sammlung aller zur Intelligenz gehörigen Elemente, sondern leider auch auf den Einsatz der ASW zur Steuerung des psychologischen Verhaltens. Vor Ende der sechziger Jahre hatte man noch nie von Psi-Forschungsprojekten gehört, die in den Genuß einer Unterstützung der Regierung kamen. Aber während jener turbulenten Jahre (auf dem Höhepunkt des kalten Kriegs) war eine neue Macht auf dem Gebiet der Parapsychologie plötzlich nicht mehr zu übersehen.

Ich spreche hier von der militanten und einfallsreichen Sowjetunion, die sich Ende der sechziger Jahre daran machte, alle Aspekte der ASW zu untersuchen, und das sicherlich aus keinem anderen Grund als zur Aufdeckung des potentiellen Nutzens. Zu diesem Zweck wurden breitest angelegte Untersuchungen eingeleitet, um das Wesen der Rohkern-ASW einzukreisen und deren natürliche Eigenschaften zu entwickeln. Auch wurden einzelne Personen mit manifesten Begabungen für unverfälschte ASW weiter ausgebildet.

Die amerikanischen Analytiker sahen all dem zuerst ungläubig, dann jedoch mit Erstaunen zu. Zunächst hielt man das Ganze für eine seitens der Sowjets bewußt initiierte Falschmeldung, um den Westen zu verwirren. Als dann aber bestätigende Untersuchungen abgeschlossen wurden und entsprechende Gerüchte in der Presse auftauchten, rüstete die für die Einschätzung potentieller Bedrohungen verantwortliche amerikanische Bürokratie zum Aufbruch.

Die neue Situation hatte durchaus eine humoristische

Seite. Die verantwortlichen amerikanischen Bürokratien wurden von führenden Wissenschaftlern beraten, die ihrerseits die in Akademikerkreisen vertretene Anschauung weitergaben. Was die ASW anbetraf, fiel der allgemeine Konsens nicht gerade zugunsten dieser Erscheinung aus. Niemand, der in den verschiedenen soziopolitischen, der Wissenschaft und den Forschungsinstituten übergeordneten Organisationen eine gewisse Position innehatte, wollte sein wissenschaftliches Ansehen oder seine Karriere aufs Spiel setzen.

Bald stellte sich heraus, daß die Parapsychologie Amerikas und die neue Disziplin der Sowjets – Psychoenergetik genannt – nicht miteinander vergleichbar waren. Der Grund dafür war sowohl der unbedeutende Status, der der ersteren von den führenden amerikanischen Wissenschaften eingeräumt wurde, als auch ihre Mittelmäßigkeit in Sachen Wissen. So dürften wohl die Fragen aufgetaucht sein: Könnte das plötzliche Bereitstellen von Geldern für parapsychologische Forschungen über Nacht zum Entstehen einer der neuen Psychoenergetik gleichkommenden Wissenschaft führen? Würde die Parapsychologie in der Lage sein, ihre eigene soziopolitische Perspektive zu ändern? Diese Fragen müssen ehrlicherweise immer noch beantwortet werden.

Man kann sich die unter nervöser Anspannung abgelaufenen Konsultationen innerhalb der Planungskomitees vorstellen, die sich mit dieser nicht gerade beneidenswerten Aufgabe beschäftigen mußten. Dabei hing immer die ominöse Bedrohung in der Luft: Würden die Sowjets mit ihrer neuen und extrem gut fundierten Psychoenergetik solche Fortschritte machen, daß sie wirklich eine angewandte ASW entwickelten? Dann würden sie daraus sicherlich ein Spionagewerkzeug machen, wenn dies im Rahmen des Möglichen lag. Gab es eine ASW-Lücke, die zu schließen war? Würde Amerika auf dem Gebiet der ASW irgendwann im Regen stehen?

Um die ganze Geschichte zusammenzufassen: 1980 wurde bekannt, daß ASW-Untersuchungen in der Volksrepublik China plötzlich neben einigen anderen Disziplinen erste wissenschaftliche Priorität eingeräumt wurde. Das Thema fand dort ernsthafte Beachtung, wurde vermutlich durch angemessene Regierungsgelder unterstützt und von hochqualifizierten und spezialisierten Physikern und Psychologen untersucht.

Visionen und Gerüchte über Psi-Armeen nahmen ihren Lauf. ASW – so hieß es – würde bald zu einer taktischen Waffe werden, mit der man zu den meistgeschützten Staatsgeheimnissen einer Nation würde durchdringen können. Sollten diese Gerüchte auch nur eine Spur von Wahrheit bergen, würde Amerika – so lange besessen von einer vorrangigen Anti-Psi- und Anti-ASW-Haltung – sicherlich Probleme bekommen.

Wenn man allen Berichten der Medien Glauben schenken kann, wird die Psi-Technologie in den »Psychokriegen« zwischen den Vereinigten Staaten und der Sowjetunion bereits angewandt, möglicherweise auch von der Volksrepublik China. In diesem »Psi-Rennen« würden die Vereinigten Staaten aufgrund ihrer materialistisch-wissenschaftlichen Betrachtungsweise des Gehirns und der menschlichen ASW-Talente im allgemeinen wohl hinten anstehen. Wissenschaftliche Modernisten *halten* sich selbst für rationale Wissenschaftler und betrachten jedes Phänomen, was nicht in ihre Schublade des Rationalismus paßt, als etwas Nichtrationales, das heißt als Auswuchs der Phantasie. Wenn die Vereinigten Staaten offiziell von modernistischen wissenschaftlichen Einrichtungen ausgiebige ASW-Untersuchungen durchführen ließen, würden alle »Erklärungen« der ASW ausschließlich in den Bezugsrahmen der »rationalen« Gehirnhemisphäre fallen. Ein Grundgesetz, das auf den Wiener Kreis von Psychiatern zu Anfang dieses Jahrhunderts zurückzuführen ist, war das Ergebnis dogmatischer Anschauungen, die alle paranormalen Kräfte zurückweisen und die Antworten auf alle psychologischen Fragen im *Mechanismus* des Gehirns suchen. Diese Dogmen haben sich in den Wissenschaftsprogrammen der Vereinigten Staaten allgemein durchgesetzt und bestimmen auch die meisten sterilen Labormethoden zur Psi-Forschung in den Vereinigten Staaten.

Wenn die Vereinigten Staaten paranormale Fähigkeiten wie Telepathie, Präkognition und Fernwahrnehmung entwickeln wollen, um sie für geheimdienstliche Zwecke zu verwenden, müssen sie erst einmal angemessene Vorgehensweisen einführen, um die tatsächlichen Grundlagen von Psi überhaupt zu verstehen.

Weder die Sowjetunion noch die Volksrepublik China lassen sich von den Grenzen des wissenschaftlichen, rationalen Modernismus aufhalten. Die allgemeine Weltanschauung in der Volksrepublik China basiert auf einem alten philosophischen Fundament. Die chinesische Philosophie hat die Aspekte des Bewußtseins und der menschlichen Fähigkeiten, die im Westen als irrational gebrandmarkt werden, schon immer als Realitäten akzeptiert. Die Sowjets haben ihre hochentwickelte Fähigkeit demonstriert, alle Aspekte von Phänomenen zu untersuchen, ob sie nun im Westen als irrational betrachtet werden oder nicht.

Es sieht so aus, als würden die Sowjets das ASW-Puzzle eifrig zusammensetzen und als hätten sie jetzt schon einen signifikanten Vorsprung im »Wettlauf um Psi-Waffen«.

Wie dem auch sei, alle Aktivitäten dieser drei Weltmächte zusammengenommen stellen sicherlich einen Beitrag dar, mit dem der ASW ein Status eingeräumt wird, den sie bislang noch nie genossen hat. Das heißt, daß angeborene außersinnliche Fähigkeiten bereits in nicht zu ferner Zukunft als ähnliche Qualifikation betrachtet werden wie Intelligenz und eine gute Ausbildung.

In der Science-Fiction-Literatur wurde diese Entwicklung schon vorausgesehen; und die organisierte Forschung – zunächst »psychische Forschung«, dann »Parapsychologie« und jetzt »Psychoenergetik« genannt – brachte die Tatsachen ans Licht.

Lassen Sie sich von diesen Begriffen nicht verwirren. Alle Disziplinen haben im wesentlichen den gleichen Gegenstand und alle gehen von der Existenz einer naturgegebenen außersinnlichen Wahrnehmung aus.

Nur diejenigen, die schon angefangen haben, ihre eigenen außersinnlichen Fähigkeiten in Zusammenhang mit dem rohen ASW-Kern zu lokalisieren, werden das Zeitalter der angewandten ASW, das jetzt anbricht, wirklich schätzen und einen Beitrag dazu leisten können. Das eigene Vertrautsein mit dem wirklichen ASW-Potential wird die Grundlage für ein Verständnis angewandter ASW bilden und bildet sie bereits. Wer sich nicht daran macht, die eigene Kern-ASW zu entwickeln, wird irgendwann am Straßenrand stehen und das vor der Tür stehende ASW-Zeitalter weder schätzen noch daran teilhaben können.

Die außersinnliche Wahrnehmung (externalisierte Aufnahmefähigkeit) wie auch Psi im allgemeinen wird von drei wichtigen Mythen aufgehalten, die sich gegenseitig nähren.

Zunächst existiert auf der unteren Ebene der Mythos, daß ASW-Erfahrungen unerklärlich sind. Zum zweiten treffen wir auf der Metaebene der Parapsychologie auf den Mythos, daß ASW nicht faßbar sei. Und der skeptische Überbau bietet uns den Mythos an, daß ASW gar nicht existiert und daß alle dahingehenden Vermutungen illusorisch seien. Dieser Mythos liefert dann wiederum Zündstoff für den Erfahrungsbereich des Durchschnittsbürgers, der die ASW im Bereich des Unerklärlichen beläßt, obwohl mehr als zehn Prozent der Bevölkerung immer wieder ASW-Erlebnisse haben.

So werden Zuständigkeit und Verantwortung immer weitergegeben, und auch die für die Erforschung neuer Dinge erwartungsgemäß zuständigen Wissenschaftssysteme wollen diese drückende Last nicht auf sich nehmen, zumal die sie beherrschenden Etiketten dann in großer Gefahr wären, radikal verändert werden zu müssen. Diese Wissenschaftssysteme werden so lange Widerstand leisten, bis sie von den von unten emporkommenden neuen Realitäten zu Veränderungen gezwungen werden.

Mehrere Gründe sprechen für eine Entwicklung der ASW auf individueller Ebene, auf der Ebene der dem

Durchschnittsbürger verfügbaren Intuition, vor allen Dingen, weil jede vom Unterbau geschaffene Realität zwangsläufig eine Veränderung des Überbaus mit sich bringen muß. Es ist eine bittere Wahrheit, daß wissenschaftliche Überbauten hinsichtlich ihrer eigenen Ziele oft eine chauvinistische und partisanenhafte Haltung einnehmen. Einige erheben sich selbst auf eine elitäre Ebene mit eigens geschaffenen Mythen, in denen sie sich dann immer mehr verfangen.

Jede Gesellschaft braucht einen Überbau – zumindestens besteht er in jeder Gesellschaft, ob sie ihn nun wünscht oder nicht. Der große Nachteil daran ist, daß der herrschende Hintergrund der Überbauten die Oberhand über selbige gewinnt, je weniger einzigartige Erfahrungen zulässig werden. Die an der Spitze eines Überbaus einzig und allein zulässigen Erfahrungen sind jene, mit denen die Dogmen personifiziert werden, an denen die Schnittkante des Überbaus geschärft wird. Diese Schnittkante ist oft völlig stumpf und besteht nur aus dem, was in der Vergangenheit respektabel war.

Die größten Möglichkeiten, Erfahrungen zu machen, liegen beim Durchschnittsbürger. Auf dieser Ebene finden wir die umfassendsten und durchgreifendsten ASW-Erfahrungen vor. Die uns vorliegenden Statistiken geben nicht so sehr viel Aufschluß. Es scheint, als machten mindestens zehn Prozent der Bevölkerung in ihrem Leben ASW-Erfahrungen, die ihr Leben verändern, während bis zu achtzig Prozent an die Existenz der ASW glauben. Auf dieser Ebene kommt es zu spontanen Rohkern-ASW-Erlebnissen. An der Spitze vieler Überbauten, wo ASW ein verbotenes Thema ist, kommt es selten zu ASW-Erlebnissen, zumindestens läßt man sie nicht zu.

In einem seiner erschöpfenden Bücher, *Science and Parascience,* berührt der erfahrene Autor Brian Inglis genau die Grundprobleme:

Einige Skeptiker sind bereit, einzuräumen, daß die Fülle der Beweise beeindruckend ist; diese Fülle, sagen sie, sei jedoch irrelevant, da nicht ein einziger wirklich überzeugender Fall vorliege ... In diesem Fall spielt der störende Faktor eine Rolle, daß die akademische Welt nach wie vor unter dem Einfluß des von Tyndall gepredigten materialistischen Glaubens steht, und das, obwohl die Quantenphysiker dieses Fundament längst unterwandert haben ... Die Quantenphysik liefert immer wieder Beweise für paranormale Phänomene, Translokation und Handlungen aus der Entfernung heraus, die auf Mikroebene stattfinden. Bergson, Geley und andere haben begonnen, Erklärungen dafür zu liefern, warum und wie diese Phänomene die ihnen eigene Form auf Makroebene einnehmen ... Das Hauptproblem besteht darin, daß, während die neue Physik die alte ersetzen konnte, ohne jemand anderen als die Physiker selbst zu beeinträchtigen, das Akzeptieren der Realität paranormaler Phänomene vieles von dem, was wir heute als selbstverständlich hinnehmen und was in vielen anderen Disziplinen – etwa in der Biologie, der Psychologie, der Anthropologie, der Medizin und selbst der Geschichte, vor allem aber wohl im Bereich der Philosophie – gelehrt wird, vollständig in Frage stellen und zu Unsinn degradieren würde.[1]

Die herausragendste Erscheinung der siebziger und achtziger Jahre ist das Auftauchen des sogenannten New Age. Es entstand auf unterster Ebene als Protest gegen die Unzulänglichkeiten der höheren Überbauten und im Sinne eines neuen holistischen Lebens. Das globale Ziel der New-Age-Bewegung ist die Wiederintegration eines visionären Elements in die Gesellschaft, eines Elements, das den sozialen Energien erlaubt, über die Mythen hinauszusehen, die die politischen Überbauten gefangenhalten und die heute die gesamte menschliche Biosphäre genauso bedrohen wie die Ökosphäre der Welt. Wenn diese Mythen nicht überwunden werden, steht uns die Hölle bevor.

---

1 Brian Inglis: *Science and Parascience;* Hodder and Stoughton, London, 1984, Seite 338–339.

Die New-Age-Bewegung versucht dieses Problem zu lösen, indem sie eine Erkenntnis auf individueller Ebene fördert. Wie die Autorin Marilyn Ferguson es so treffend formulierte: »Die Veränderung beginnt mit der Veränderung des einzelnen.«

Bei dieser Transformation spielt die ASW/die externalisierte Aufnahmefähigkeit eine große Rolle. Selbst die geringfügigste Erfahrung der eigenen Fähigkeit, sich der menschlichen, die Grenzen des Körpers transzendierenden Elemente bewußt zu werden, kann als Bindeglied zu einem holistischen Bewußtsein dienen, wie es vorher nie in Betracht gezogen wurde. Anstatt die Realität der ASW einfach nur durch parapsychologische Versuche zu demonstrieren, sollte man die enorme Bedeutung der Tatsache herauskristallisieren, daß jeder einzelne in der Lage ist, ASW persönlich zu erfahren, wenn auch mitunter nur minimal. Auf dieser Ebene ist die Realität der ASW viel umfassender und wertvoller als an der Spitze der Überbauten, wo ASW-Phänomene vorzugsweise nur als Kuriosität betrachtet werden.

Ich selbst habe erfahren, daß die ASW, hat man sie einmal selbst erlebt, die Auffassung bestärkt, daß die gesamte Menschheit, das Leben überhaupt, miteinander verbunden ist. Der kürzeste und sicherste Weg zur Erweiterung dieser Anschauung geht über die Erfahrung festverdrahteter ASW, da die erhaltenen Ergebnisse in diesem Fall definitiv überprüft werden können und die Existenz eines ASW-Kerns im Inneren offenbar wird. Es gibt natürlich auch jede Menge anderer Beispiele, die über festverdrahtete ASW hinausgehen. Wer aber erst einmal ein bemerkenswertes Erlebnis dieser Art gehabt hat, wird als gegeben akzeptieren, daß der Mensch über ein Talent zur ASW mit allem, was sie mit sich bringt, verfügt.

Abgesehen von diesem offenbar umfassendsten Kernpunkt gibt es noch andere Gründe, weshalb ASW in einem neuen Bezugsrahmen kontaktiert und entwickelt werden sollte.

Auf persönlicher Ebene kann eine hochentwickelte ASW potentiell sehr nutzbringend sein. Es gibt viele praktische

Anwendungsmöglichkeiten der ASW, die von entwickelten Sensitiven mitunter sehr gut beherrscht werden. Wir hören oft von telepathischen Kontakten zu Familienmitgliedern oder geliebten Personen, besonders wenn diese in Not sind. ASW ist manchmal hilfreich, um verlorene Gegenstände oder andere Menschen zu finden. Es ist schön, wenn man die Gedanken anderer lesen kann, durch Intuition Erfindungen macht oder zu philosophischen Einsichten kommt. Durch Wände »sehen«, verdeckte Karten auf dem Spieltisch identifizieren, den Sieger beim Pferderennen oder die Gewinnzahl in der Lotterie herausfinden und die Geheimnisse der Börse begreifen sind einige der schwierigsten Aufgaben, aber auch dazu sind einige entwickelte Sensitive fähig.

Jedes menschliche Talent hat einen Kern, der wachsen und sich entwickeln kann. Wachstum und Entwicklung sind Resultat der genauen Wahrnehmung, der Übung, Praxis und des intuitiven Verständnisses.

Ein gutes Beispiel ist die Revolution, die im Bereich des Sports stattgefunden hat. Es gab Zeiten, in denen nur das Erlernen von Ausdauer durch erzwungene Praxis im Vordergrund statt. Heute ist man durch den Wunsch, perfekte Leistungen durch ein Verständnis des gesamten Organismus zu erzielen, zu einer holistischen Betrachtungsweise des Athleten gelangt. Richtige Ernährung, richtig eingeteilter Schlaf, Stärkung durch Vitaminzufuhr, Verständnis, kürzere Trainingszyklen und so weiter sind heute die Grundsätze, die in der Sportpraxis überwiegen. Diese Haltung wurde auch von vielen Personen übernommen, die im Bereich der Kunst, der intellektuellen Wissenschaften und selbst im militärischen Bereich tätig sind.

Jedem dieser verschiedenen Talente liegt ein Kern zugrunde. Von diesem embryohaften Zustand an kann das rudimentäre Talent identifiziert, verstanden und entwickelt werden. Werden bei dieser Entwicklung Fehler gemacht, besteht die Gefahr, daß das Talent vollends verkrüppelt oder verschwindet.

Mit all diesen Gedanken im Hinterkopf können wir vielleicht erkennen, daß es nötig ist, ganzheitlich an die grundlegenden Phänomene der Rohkern-ASW heranzugehen. Übung und Praxis setzen Wissen und grobe Erfahrungen voraus, wenn sie genau und effektiv sein sollen. Der Wille allein reicht nicht aus, um ein guter Sensitiver zu werden. Ein Stabhochspringer kann die achtzehn Fuß-Marke auch nicht allein durch Willensanstrengung überspringen. Im Sport wird dieser Grundsatz akzeptiert, in der Parapsychologie noch nicht.

Letztlich jedoch wird dies verstanden werden. Alle Beweise deuten auf die Tatsache hin, daß das ganzheitliche Training der Athleten in der Sowjetunion zu weit besseren Ergebnissen führt als ähnliche Bemühungen anderswo auf der Welt. Auch deutet alles darauf hin, daß die Entwicklung von Psi-Begabungen in Rußland bereits auf einer holistischen Grundlage erfolgt. Diese Tatsachen und nur diese Tatsachen – die von amerikanischen Analytikern als potentielle Bedrohung angesehen werden – haben das neue Interesse an ASW und Psi auf Regierungsebene inspiriert.

Wir sollten es nicht zulassen, daß die Realitäten der ASW über den Wolken auf dem Olymp der Überbauten den Blicken entzogen bleiben, zumal diese Überbauten ihr Verhalten nach den alten Realitäten ausrichten. Die außersinnliche Erfahrung ist schließlich eine Erfahrung des Menschen. Wirkliche Führung und Leitprinzipien können somit auch nur von unten kommen, aus Bereichen, in denen der eigenen Erfahrung mehr vertraut wird als intellektuellen Ideen.

Sie selbst müssen willens sein, ASW zu erfahren und ihre Entwicklung in die spirituellen Richtungen zu lenken, aus denen die ASW selbst kommt. Nur dann wird die wirkliche Bedeutung und die wahre und wertvolle Zukunft der ASW erkannt und verstanden werden.

Bibliographie

Quellenangaben zu den Zeichnungen

George Albert Smith: *Proceedings of the Society for Psychical Research;* April 1883, Band 1, Teil II und Band 1, Teil III.

Miss Edwards and Miss Relph: *Proceedings of the Society for Psychical Research;* April 1884, Teil V.

Miss Kate Smith: *Proceedings of the Society for Psychical Research;* Juli 1884, Teil VI.

The Schmoll-Experiments: *Proceedings of the Society for Psychical Research;* Juni 1888, Teil XII.

The Max Dessoir Experiments: *Proceedings of the Society for Psychical Research;* Dezember 1888, Teil XIII.

The Schrenck-Notzimg Experiments: *Proceedings of the Society for Psychical Research;* April 1891, Teil VXIII.

The Warlcollier Experiments: *Journal of the American Society for Psychical Research;* Dezember 1939, Band XXXII, Nr. 12.

René Warcollier: *Mind to Mind;* Creative Age Press, New York, 1948.

The Upton Sinclair Experiments: Upton Sinclair: *Mental Radio;* Werner Laurie, London, 1930, Neuauflage 1951.

The SRI International Experiments: Private Veröffentlichungen.

The ASPR Experiments: Private Unterlagen des Autors.

Weitere Literatur

Arnheim, Rudolf: *Kunst und Sehen;* Verlag Walter de Gruyter, Berlin, New York, 1978.

Ashby, R. H.; *The Guidebook for the Study of Psychical Research;* Rider, London, 1972.

Beloff, J.: »Is Normal Memory a ›Paranormal‹ Phenomenon?«, *Theory to Theory;* Band 14, 1980.

Bohm, David: *Die implizite Ordnung;* Goldmann Verlag, München (vergriffen).

Bohm, David: *Wholeness and the Implicate Order;* Routledge & Kegan Paul, London and Boston, 1980.

Capra, Fritjof: *Das Tao der Physik. Die Konvergenz von westlicher Wissenschaft und östlicher Weisheit;* Scherz Verlag, München, 1984.

Davies P. C. W.: *The Physics of Time Asymmetry;* University of California Press, Berkeley, 1977.

Denton, J. Snider: *Feeling Psychologically Treated;* Sigma Publishing Co., St. Louis, 1905.

Dingwall, Eric J.: *Abnormal Hypnotic Phenomena;* (fünf Bände), J. & A. Churchill Ltd., London, 1967.

Dixon, N. F.: *Subliminal Perception;* McGraw-Hill, London, 1971.

Dixon, N. F.: *Preconcious Processing;* John Wiley & Sons, New York, 1981.

Dubrov, A. P., und Pushkin V. N.: *Parapsychology and Contemporary Science;* Consultants Bureau, New York, 1982.

Ebon, Martin: *Psychic Warfare;* McGraw-Hill, New York, 1983.

Edwards, Betty: *Der Künstler in dir;* Rowohlt Verlag, Reinbek (vergriffen).

Edwards, Betty: *Garantiert Zeichnen lernen. Das Geheimnis der rechten Hemisphäre und die Befreiung unserer schöpferischen Gestaltungskräfte;* Rowohlt Verlag, Reinbek, 1982.

Ehrenwald, Jan: *The ESP Experience;* Basic Books, New York, 1978.

Ferguson, Marilyn: *Geist und Evolution. Die Revolution der Gehirnforschung;* Goldmann, München (vergriffen).

Ferguson, Marilyn: *Die sanfte Verschwörung. Persönliche und gesellschaftliche Transformation im Zeitalter des Wassermanns;* Knaur Taschenbuch, München, 1984.

Gablik, Suzi: »Changing Paradigms«, *New Art Examiner;* Juni 1985.

Gauld, Alan: *The Founders of Psychical Research;* Routledge & Kegan Paul, London, 1968.

Goldberg, Philip: *Die Kraft der Intuition. Wie man lernt, seiner Intuition zu vertrauen;* Scherz Verlag, München (vergriffen).

Hall, Trevor H.: *The Strange Case of Edmund Gurney;* Gerald Duckworth & Co. Ltd., London, 1964.

Hayles, N. Katherine: *The Cosmic Web;* Cornell University Press, Ithaca, N. Y., und London, 1984.

Haynes, Renee: *The Society for Psychical Research; 1882–1982, A History;* MacDonald & Co., London, 1982.

Hettinger, J.: *Exploring the Ultra-Perceptive Facility;* Rider & Co., London, 1941.

Hinkle, L. E., Jr.: »The physiological state of the interrogation subject as it affects brain function«, in *The Manipulation of Human Behaviour;* Albert B. Biderman and Herbert Zimmer (Verleger), John Wiley & Sons, New York, 1961.

Inglis, Brian: *Natural and Supernatural;* Hodder and Stoughton, London, 1984.

Inglis, Brian: *Science and Parascience, A History of the Paranormal, 1914–1939;* Hodder and Stoughton, London, 1984.

215

Macie, J. L.: *The Cement of the Universe;* Oxford University Press, Oxford, 1984.

Mauskopf, Seymour H., und Michael R. McVaugh: *The Exclusive Science,* John Hopkins Univerity Press, Baltimore, 1980.

Osty, Eugene: *Supernormal Faculties in Man;* Methuen & Co. Ltd., London, 1923.

Price, Walter Franklin: *Noted Witnesses for Psychic Occurrences;* University Books, New Hyde Par, N. Y., 1963.

Puthoff, H. E., und R. Targ: »A Perceptual Channel for Information Transfer over Kilometer Distances: Historical Perspective and Recent Research«, *Proceeding of the IEEE;* LXIV, März 1976.

Schmeidler, Gertrude (Hsg.): *Extrasensory Perception;* Atherton Press, New York, 1969.

Sheldrake, Rupert: *Das schöpferische Universum;* Ullstein, Berlin, 1993.

Soal, S. G., und H. T. Bowden: *The Mind Readers;* Doubleday, Garden City, N. Y., 1960.

Talamonti, Leo: *Forbidden Universe: Mysteries of the Psychic World;* Stein and Day, New York, 1974.

Targ, R., und Puthoff, H. E.: »Information Transmission under Conditions of Sensory Shielding«, *Nature;* CCLI, Oktober 1974.

Targ, R., und Puthoff, H. E.: *Mind-Reach;* Delacorte Press/Eleanor Friede, New York, 1977.

Vasiliev, L. L.: *Experiments in Distant Influence;* E. P. Dutton, New York, 1976.

Wilkins, Sir Hubert, und Sherman, Harold M.: *Thoughts through Space;* Fawcett Publications, Greenwich, Conn., 1973.

Wilson, Ian: *All in the Mind;* Doubleday, Garden City, N. Y., 1982.

Wolf, Fred Alan: *Der Quantensprung ist keine Hexerei;* Birkhäuser Verlag, Basel, 1985.

Register

Ahnungen 11
Akasha-Chronik 42
American Society for Psychical
  Research (APR) 9, 17, 53, 54, 65,
  119, 138
Analogiemethode (Zeichnungen)
  45, 197, 198
Arnheim, Rudolf 195, 196
Assoziationen 161, 168–173
ASW (Außersinnliche
  Wahrnehmung)
– als Bedrohungsfaktor 16, 204, 206
– als völlig natürlicher Vorgang
  12, 15, 17, 21, 81, 89, 157, 158
– Definition des Begriffes
  28, 29, 34, 36, 37, 41, 44
– Eigenschaften, Liste der Gemein-
  samkeiten 161
– Entwicklung des eigenen
  Potentials 15, 21, 43, 53, 65, 87,
  137, 150, 158, 173, 212
– Etikettierungen 27, 28, 29, 31, 32,
  44, 45, 51, 61, 140
– Existenzbeweise 11, 17, 26, 138,
  139
– Experimente im Laboratorium
  15, 17, 18, 19, 20, 26, 30, 34, 52, 55,
  66, 123–135, 147, 150, 201, 204, 205
– Fehlerquellen (Störungen,
  Tücken) 18, 19, 27, 29, 70, 83, 90,
  98, 101, 102, 105, 113, 121, 128, 132,
  135, 143, 151, 154, 159, 161, 165, 182,
  212
– festverdrahtet, halbverdrahtet,
  drahtlos 41, 42, 43, 65, 80, 123, 211
– Forschung, akademische 20, 30,
  34, 41, 48, 53 66, 119, 201, 204, 205
– Forschungsliteratur 15, 65, 195

– Forschungsprogramme in der
  UdSSR, den USA und China
  16, 204, 206, 207
– Funktionsvorgänge, Mechanismen 21, 30, 31, 33, 38, 69, 123,
  133, 137, 194
– Gegner, Verleumder 137, 138, 139
– Geräusche 133, 135, 151
– ihre Bedeutung für die Zukunft
  16, 202, 204
– ihre innere Realität (Träume,
  Einbildungskraft, Gedächtnis,
  Gedanken und Gefühle 11, 19, 20,
  27, 66
– ihre objektive Realität 11, 12
– Kern, Kontaktherstellung,
  Grundfunktion, seine geistige
  Verschalung 17, 32, 43, 47, 51, 53
  63, 69, 78, 80, 84, 86, 89, 96, 100,
  103, 111, 116, 121, 123, 128, 133, 135,
  141, 145, 151, 183, 191, 202
– Nachwirkungen 52, 59, 64
– Potential, seine Anwendung im
  Sinne des Gemeinwohls 16, 86,
  133, 144
– Selbstversuche, Selbster-
  fahrungen 11, 18, 30, 33, 43, 52,
  66, 145, 150, 181, 188, 212
– spontane 24, 30, 51, 137, 158, 195
– Systemzusammenbruch 154
– Treffer (11 Arten) 181, 182, 212
– Versuchsserien 154, 156
– Wiederaufladung 154
– Zeichensprache, Bilder, Zeichnungen und Skizzen 58–62, 68,
  99, 102, 104, 106, 109, 112, 117–119,
  123–135, 148–150, 157, 188, 192, 196
Aussteigen aus dem Körper 54

Betrugshypothese 114, 115
Bewußtsein des Neuen Zeitalters 16
Bewußtsein, normales und ver-
    ändertes 27, 31, 40, 42, 44, 49, 51,
    63, 70, 77–81, 90, 92–95, 123,
    128, 136, 141, 142, 144, 191
Bewußtseinsbarrieren (Bewußt-
    seinsschwelle, Filter) 81, 90, 92,
    94, 97, 136, 143, 158, 161
Bioinformationen 40, 42
Blackborn, Douglas 107–109
Bohm, David 72
Britisch Psychical Research Society
    (SPR) 10, 20, 53, 65, 107, 110
Broglie, Louis de 141

Capra, Fritjof 72,
Clynes, Manfred 197

Datenbank, universelle 51
Davies, Paul 72
Dessoir, Max 111, 112
Dingwall, Dr. Eric 36
Dixon, Dr. Norman 96
Drogen, psychedelische 47
Du–Ich, außersinnliches 65, 68, 69
Dubrov, A.P. 75, 76

Edwards, Betty 197, 198
Edwards, Miss 110, 183, 184
Ego, transzendentes 78, 81
Ehrenwald, Dr. Jan 10, 23, 25
Einstein, Albert 71
Elektromagnetismus 72, 73
Ellison, Dr. Arthur J. 9
Externalisierung der Wahr-
    nehmung 35–37, 39, 40, 136

Feedback 149
Felder, morphogenetische,
    motorische 78, 200
Ferguson, Marilyn 13, 211
Fernwahrnehmung 12, 18, 20, 35,
    41, 49, 54, 82, 120, 143, 152, 183,
    207

Focusing 143, 144, 158
Freudianismus 45, 81, 206

Gablik, Suzi 199
Gebetswirkungen 201
Gehirnfunktionen bei ASW 30, 44,
    54, 59, 68, 72–75, 78, 206
Geistige Konzepte, Manifestatio-
    nen und Grundfunktionen 32,
    44, 45–47, 50, 64, 140
Goeler-Ravensburg, Frau von 112
Gurney, Edmund 108, 109
Guthrie, Malcolm 110, 113

Hammid, Hella 9, 121, 193
Harrary, Keith 9
Hayles, N. Katharine 72, 200
Heisenberg, Werner von 71
Hellsehen 12, 24, 27, 30, 49, 55, 70,
    76, 120, 193
Hypnose 35, 36, 108, 113

Illusionen, Phantasien 162–167,
    173, 175
Inglis, Brian 114, 209
Inspirationen 11
Institute for Advanced Studies
    (Austin) 119
Institut Metapsychique Inter-
    national, Paris 53, 116
Intuition 12, 36, 87, 140, 191, 212

Joire, Dr. Paul 35

Knipe, Mrs. Laura F. 9
Kommunikation, geistige und
    zwischenmenschliche 12, 20, 28,
    79, 80, 142, 202
Konzentrationsübungen 79, 83, 140
Kreativität 12, 87, 91, 96, 111, 141, 142
Künstlerische Leistungen 98, 99,
    111, 140, 141, 143, 193, 195, 196,
    199
Langford, Garry 9

Mackie, J. L. 72

Maeterlink, Maurice 80
Maibre, J. E. 112, 165, 169, 185
May, Dr. Erwin 9
Medien (Spiritualismus, sensitive
    Personen) 34, 37, 108, 106
Meeko, Joe 155
Meditation 47
Mitchel, Dr. Janet 9, 53, 56, 59, 67
Moll, Albert 113, 115
Myers, F. W. H. 28, 108, 109

Napoleon 79, 168
Nash, Carroll 201
New Age-Aspekte 210, 211
Norman, Wayne 10

Osis, Dr. Karlis 9, 53, 56, 59, 67, 68
Osty, Dr. Eugene 37, 116

Papst Pius V 82
Paranormale Phänomene (außer-
    sinnliches Wissen, ASW-
    Informationen) 38–42, 49, 51, 83,
    86, 89, 95, 106, 123, 132, 136, 137,
    150, 159
Parapsychologie 9, 23–25, 27, 29,
    34, 37, 40, 66, 70, 72, 74, 100, 104,
    111, 115, 123, 133, 137, 143, 145,
    192, 199, 200, 205, 207, 213
Pasteur, Louis 141
Präkognition (Vorauswissen) 24, 27,
    42, 49, 84, 153, 193, 207
Prophezeiungen 42
Psi-Begabung, Psi-Fähigkeiten,
    Psi-Informationen 12, 15, 24, 38,
    53, 64, 83, 101, 104, 121, 128, 141,
    143, 148, 151, 157, 192, 194, 213
Psi-Forschung (wissenschaftliche
    Tests) 9, 15, 23, 30, 50, 66, 68,
    70, 75, 80, 104, 116, 121, 132, 136,
    138, 143
Psi-missing (Versagen, Funktions-
    sperre) 154, 156
Psi-Nukleus 84, 85, 100, 102, 105,
    106, 128, 136, 139, 141, 143, 182,
    191, 195, 198, 202

Psychoenergetik 9, 74, 75, 77, 120,
    205, 207
Psychokinese 24, 25
Psychologie 24, 45, 46, 71, 140, 194
Pushkin, V. N. 75, 76
Puthoff, Dr. Harold E. 9, 21, 119

Quantenphysik, Quantentheorie 71,
    80, 210

Raten (richtiges, falsches) 162
Raum und Zeit 71, 78, 195
Realitäten (erste und zweite
    Wirklichkeit) 45, 50, 52, 70, 71,
    73, 77, 79, 80, 84, 85, 136, 137,
    159, 192, 193, 195, 200, 202
Relph, Miss 110, 168, 172, 182
Reyes, Maria de Z. 102
Rhine, Dr. J. B. 34, 66

Schafe-/Ziegen-Hypothese 138, 139
Schlaf 47, 84
Schmeidler, Dr. Gertrude R. 10, 18,
    138, 139
Schmoll, A. 122, 165, 169, 185
Schrenk-Notzing, Baron Albert von
    116, 177
Schrödinger, Erwin 71
Sechster Sinn 63
Selbst, geistiges, tieferes 12, 20, 28,
    68, 70, 78–80, 82–85, 100, 137,
    140, 142–144, 157, 195
Sheldrake, Rupert 72, 77, 78
Sidgewick, Henry 114
Sinclair, Upton (und seine Frau
    Mary Craig) 20, 117, 118, 175, 176,
    185, 190
Smith, George Albert 107–109, 115,
    133, 134, 178, 179, 182, 190
Snider, Denton 45
Stanford Research Institute (SRI)
    119, 121, 165, 180, 123
Statistiken 68, 139, 209
Suchen verlorener Gegenstände 153
Swann, Ingo 12, 68, 203
Swedenborg, Emanuel 82

Talamonti, Leo 70, 78, 81
Targ, Russel 9
Tart, Dr. Charles 9
Telepathie (Gedankenübertragung)
  24, 27, 28, 30, 31, 49, 73, 74, 108,
  110, 112, 116, 118, 120, 192, 193,
  207
Tischner, Dr. Rudolf 35
Trancezustände 35
Träume 79, 80, 84

Überbewußtsein 45, 70, 78
Übereifer, Übertraining 154, 156
Unbewußtes 51, 70, 83, 92, 93, 142,
  191, 195
Unglaube 136, 137
Universum, physikalisches und
  geistiges 71, 72, 75, 76, 79, 84, 85,
  137
Unterbewußtsein 83, 84, 96, 142,
  144, 201

Vasiliev, L. L. 73, 74
Verschmelzungsprobleme 160, 161,
  174 – 179, 181
Vertrauen 136, 140, 144, 158, 168,
  182
Vesme, Cesar de 116
Visionen 42, 143, 206, 210
Vorbewußte Verarbeitung 90, 92,
  93

Wahrnehmung, präzise und
  undeutliche 35, 46, 64, 128, 161,
  192, 194, 195, 196
Warcollier, René 116, 117, 170, 172,
  176, 185 – 187, 190, 192
Wortfindungsprobleme (Verbali-
  sierung) 57, 68, 99, 100, 101, 119,
  121, 160, 193, 195, 197